JN085152

資源地政学

グローバル・エネルギー競争と戦略的パートナーシップ

稲垣文昭 ／ 玉井良尚 ／ 宮脇 昇 ［編］
Inagaki Fumiaki　　Tamai Yoshinao　　Miyawaki Noboru

法律文化社

はしがき

　前世紀に続き21世紀もまた、厳しい競争の時代であり、国家間、都市間の競争は、否応なく大地や大海の資源をどう利用し運搬するかという広漠とした問いを発する。以前に比べ多くの人が自由に空を飛び情報を集める時代にあっても、国家や都市は、地面から離れられず、物流の多くは未だ海路に依存している。地球上の多くの人々にとって、どこに生まれるかは、幸福や艱難辛苦のありようを左右する。それは、気候もさることながら、国家や都市の違いが一生に大きく影響するためである。国家や都市は、その地理的位置によって運命づけられている。その運命を知悉するには、学問の力が必要である。

　激しさを増す国家間・都市間競争が求める学問が新しい地政学である。例えば兵庫県には多くの温泉がある。観光客争奪のライバルは、もはや関東や四国の温泉ではなく、バリやグアムとなっている。大阪のライバルはもはや東京というより上海である。このように観光面でさえ、国境を越えた競争が地域規模で拡大している。それだけではない。石油・ガスや5G・インターネット回線をめぐる競争も拡大の一途を辿っている。ただしこちらは都市間というよりは、未だに国家間である。加えて東日本大震災の惨禍以降、日本は、エネルギー政策を転換し、海外の資源には再び耳目が集まった。

　本書は、地政学的観点から、資源をめぐる国際政治を追うものである。本書は、3部で構成される。第Ⅰ部は、資源の輸送をめぐる貿易障壁についてである。接続性（connectgraphy）という概念で近年説明される地政学的経路や障壁について、単なる地理的障害ではなく道路、鉄路、パイプライン、航路等のルートが政治的、経済的に有する意味を俯瞰する。

　第Ⅱ部は、資源貿易と政治体制の構図についてである。民主的平和論をもとに、民主主義体制や権威主義体制といった体制の差違は、資源輸送に影響するものかを問いかける。

　第Ⅲ部は、資源貿易と民族問題の構図についてである。独立後電力自立が困難になっている旧ソ連の中央アジア諸国などの事例を第8章で考える。また内

陸国ボリビアを中心に南米の国境を超える資源輸送・輸出の事例について第9章で深く追う。

　この問題認識にもとづき資源をめぐる争いを地政学から考えるのが本書の目的である。本書を通じて、限りある地球の資源を争奪の対象から共同開発と衡平な分配と利用の対象に変えていく時代の幕を開けたい。この難題に読者諸氏とともに挑戦したい。

　（なお本書は、科学研究費補助金基盤研究（C）「資源通過国の資源紛争当事者化についての研究」とともに立命館大学国際地域研究所の重点プロジェクトの成果の一部である。）

編　者

目　　次

第 I 部　資源輸送の壁はなぜ現れるか？

第II部　民主主義は資源貿易を拡大するか？

略語一覧

共通地図

A

ADB〔Asia Development Bank〕 アジア開発銀行
AI〔artificial intelligence〕 人工知能
AIIB〔Asian Infrastructure Investment Bank〕 アジアインフラ投資銀行
ANDS〔Afghanistan National Development Strategy〕 アフガニスタン国家発展戦略
APEC〔Asia Pacific Economic Cooperation〕 アジア太平洋経済協力
ARF〔ASEAN Regional Forum〕 ASEAN地域フォーラム
ASEAN〔Association of Southeast Asian Nations〕 東南アジア諸国連合
ASEM〔Asia-Europe Meeting〕 アジア欧州会合

B

BRI〔Belt and Road Initiative/One Beld One Road Initiative〕 一帯一路構想

C

CASA1000〔Central Asia South Asia Electricity Transmission and Trade Project〕 中央ア
　ジア・南アジア送電・電力取引計画
CASAREM〔Cetnral Asia-South Asia Electricity Market〕 中央アジア・南アジア電力市場
CENTO〔Central Treaty Organization〕 中央条約機構
CICA〔Conference on Interaction and Confidence-Building Measures in Asia〕 アジア相互協
　力信頼醸成措置会議
CNOOC〔China National Offshore Oil Corporation〕 中国海洋石油総公司
CNPC〔China National Petroleum Corporation〕 中国石油天然ガス集団公司
COCOM〔Co-ordinating Committee for the Export Control against the Communist Bloc〕 対
　共産圏輸出統制委員会
COMECON〔Council for Mutual Economic Assistance〕 経済相互援助会議
COMIBOL〔Corporación Minera de Bolivia〕 ボリビア鉱業公社
CPEC〔China Pakistan Economic Corridor〕 中国・パキスタン経済回廊
CSCE〔Conference on Security and Co-operation in Europe〕 全欧安全保障協力会議
CSO〔Civil Society Organization〕 市民社会組織
CSTO〔Collective Security Treaty Organization〕 集団安全保障条約機構
CSUTCB〔Confederación Sindical Única de Trabajadores Campesinos de Bolivia〕 ボリビア
　統一農民労働者組合連合

D

DITB〔defense industrial and technological base〕 防衛産業・技術基盤

E

EAEU〔Eurasian Economic Union〕 ユーラシア経済同盟
EAS〔East Asia Summit〕 東アジア首脳会議
EBRD〔European Bank for Reconsgtruction and Development〕 欧州復興開発銀行

EEZ〔Exclusive Economic Zone〕 排他的経済水域
EU〔European Union〕 欧州連合

F

FBI〔Federal Bureau of Investigation〕 連邦捜査局
FINSA〔Foreign Investment and National Security Act of 2007〕 対外投資・安全保障法
FIRRMA〔Foreign Investment Risk Review Modernization Act〕 外国投資リスク審査現代
　化法
FOIP〔Free and Open Indo-Pacific〕 自由で開かれたインド・太平洋
FTA〔Free Trade Agreement〕 自由貿易協定

G

G 2〔Group of Two〕 新世界秩序
G 5〔Group of Five〕 先進 5 カ国財務大臣・中央銀行総裁会議
G 7〔Group of Seven〕 主要 7 カ国首脳会議
G 8〔Group of Eight〕 主要 8 カ国首脳会議
GATT〔General Agreement on Tariffs and Trade〕 関税及び貿易に関する一般協定
GDP〔Gross Domestic Product〕 国内総生産
GHG〔greenhouse gas〕 温室効果ガス

I

IEA〔International Energy Agency〕 国際エネルギー機関
IFC〔International Finance Corporation〕 国際金融公社
IIRSA〔Initiative for the Integration of Regional Infrastructure in South America〕 南米イ
　ンフラ統合計画
IMF〔International Monetary Fund〕 国際通貨基金
INF〔Intermediate-Range Nuclear Forces〕 中距離核戦力
ISA〔International Seabed Authority〕 国際海底機構
IsDB〔Islamic Development Bank〕 イスラーム開発銀行
IT〔information technology〕 情報・通信
IWRM〔Integrated Water Resources Management〕 統合水資源管理

L

LNG〔Liquefied Natural Gas〕 液化天然ガス

M

M&A〔Mergers and Acquisitions〕 合併と買収
MAS〔Movimiento al Socialismo〕 社会主義運動
MNR〔Movimiento Nacionalista Revolucionario〕 国民革命運動

N

NATO〔North Atlantic Treaty Organization〕 北大西洋条約機構
NSR〔Northern Sea Route〕 北極海航路

O

OAPEC〔Organization of the Arab Petroleum Exporting Countries〕 アラブ石油輸出国機構
OPEC〔Organization of the Petroleum Exporting Countries〕 石油輸出国機構
OSCE〔Organization for Security and Co-operation in Europe〕 欧州安全保障協力機構

P

PDPs〔Provincial Development Plans〕 州発展計画
PUB〔Public Utilities Board〕 シンガポール公益事業庁

R

RSC〔Regional Security Complex〕 地域安全保障複合体

S

SARI/Energy〔South Asia Regional Initiative for Energy〕 エネルギーのための南アジア地域イニシアチブ
SCO〔Shanghai Cooperation Organization〕 上海協力機構
SEATO〔Southeast Asia Treaty Organization〕 東南アジア条約機構
SII〔Structural Impediments Initiative〕 日米構造改善協議
Sinopec〔China Petrochemical Corporation〕 中国石油化工集団公司
SNS〔Social Networking Service〕 ソーシャル・ネットワーキング・サービス

T

TAP〔Trans-Afghanistan Pipeline〕 アフガニスタン横断パイプライン
TAPI〔Turukimenistan-Afghanistan-Pakiastan-India Pipeline〕 トルクメニスタン・アフガニスタン・パキスタン・インド・パイプライン
TPP〔Trans-Pacific Partnership〕 環太平洋経済連携協定

U

UBD〔Ulaanbaatar Dialogue for Northeast Asian Security〕 ウランバートル対話
USACE〔United States Army Corps of Engineers〕 アメリカ陸軍工兵隊
USAID〔Unitede States Agency for Ineternational Development〕 アメリカ国際開発庁

W

WMD〔Weapons of mass destruction〕 大量破壊兵器
WTO〔World Trade Organization〕 世界貿易機関

Y

YPFB〔Yacimientos Petrolíferos Fiscales Bolivianos〕 ボリビア炭化水素公社

共通地図 1　マッキンダーの世界

出典：Mackinder, H. J. (2004) "The Geographical Pivot of History (1904)" *The Geographical Journal*, Vol. 170, No. 4, December, p.312.

Pivot area：「中軸地帯」と呼ばれ、マッキンダーが「ハートランド」とする地域

Inner or marginal crescent：「内側の三日月地帯」と呼ばれ、外洋に直接アクセス可能なランドパワーとシーパワー両方を有する国々の地域

Land of outer or insular crescent：「外側の三日月地帯」と呼ばれ、「世界島」（ユーラシア大陸とアフリカ大陸の2つの大陸から成る）の外側の地域

共通地図2　スパイクマンの世界

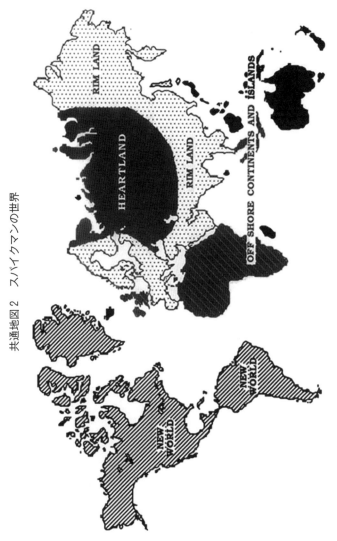

RIM LAND

HEARTLAND

RIM LAND

OFF SHORE CONTINENTS AND ISLANDS

NEW WORLD

NEW WORLD

出典：Gray, Colin S. (1989). *The Geopolitics of Super Power*, University Press of Kentucky, p. 8.

共通地図 3　ロシアからのパイプライン

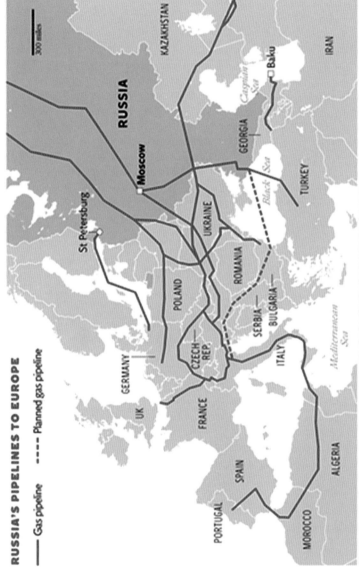

RUSSIA'S PIPELINES TO EUROPE

—— Gas pipeline   ---- Planned gas pipeline

実線：既設のパイプライン、点線：計画中のパイプライン
出典：https://russia-insider.com/en/centrica-chief-just-face-it-europe-needs-russian-gas/6144

共通地図4 「一帯一路」構想ルート

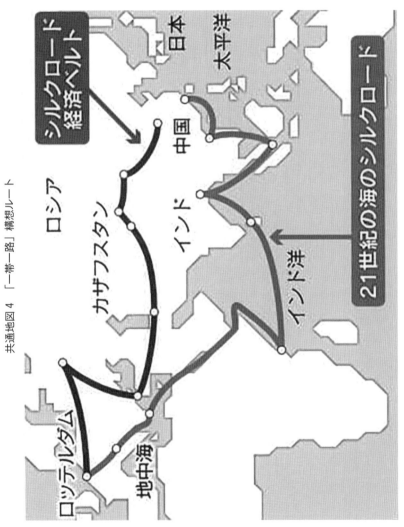

シルクロード経済ベルト

21世紀の海のシルクロード

日本

太平洋

中国

ロシア

カザフスタン

インド

インド洋

ロッテルダム

地中海

出典：日本経済新聞ウェブサイト（https://www.nikkei.com/article/DGXZZO76056900T20C14A8000076/）

共通地図5　カスピ海～黒海～東欧パイプライン

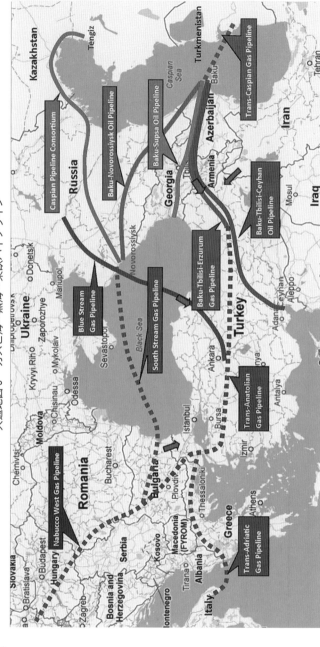

出典：Independent Balkan News Agency ウェブサイト（https://balkaneu.com/is-the-southern-corridor-being-expanded-or-is-there-a-new-eu-russia-front/）

序　章

地政学の誕生と展開

宮脇　　昇

【要　　約】

　グローバリゼーションが進み、インターネットが世界を覆う時代において、地面や海面に固執する意味はどこにあるのか。その答えは地政学に求められる。

　地政学は、ドイツを中心とする大陸系地政学と英米中心の地政学に大別される。前者がナチス＝ドイツの体制を正統化することとなったのに対して、後者はシー・パワー（海洋権力）論やリムランド（環状周縁地帯）論に見られるように、結果的には民主主義諸国の防衛という側面を有した。冷戦期から冷戦後の現在にかけても地政学的思考は衰えるどころか、ますます増大しつつある。

第1節　地政学の誕生と世界大戦

地政学の再上陸　　人の移動スピードが増し、情報が電波やケーブルで届く今世紀において、人や国家はなぜ地面や海面にこだわるのか。冷戦終結後、「歴史の終焉」（フクヤマ 1992）とともに「地理の終焉」が叫ばれたことがある（Greig 2002）。インターネットとグローバリゼーションにより、国境の意味は薄れ、情報の移動のコストも極小化された。アジアやアフリカの奥地にも衛星放送や携帯電話が普及している現状は、世界が小さくなっていることの何よりの証である。

　しかし、例えばソ連崩壊後の混乱を経て経済が復興したロシアでは、プーチン大統領が大国ロシア復活を意識し、2014年にはウクライナの政変に乗じてク

リミア半島を占領し一方的に「併合」した（ロシア側は独立したクリミアを編入したと主張）。

　また中国は海軍力を強化してきた。東シナ海においては、尖閣諸島をめぐる領土紛争が焦点化している。また係争地となっている南シナ海の島嶼に滑走路が建設され、アメリカや東南アジア諸国と中国は対立している。

　これらの動きは黒船のごとく、戦後長らく地政学をタブー視（本節で後述）してきた日本に、地政学の意義を再発見させる要因となった。第二次世界大戦で敗戦後、小国に戻り、排他的経済水域（EEZ、200海里水域とも）で近海を囲い込む海洋大国となり、貿易拡大を通じて経済大国に上りつめた日本にとって、隣国の「地続き」（陸路での接続）「海続き」（海路での接続）への高い関心は、何を意味するのか。ここに伝統的地政学が日本で復活してきた鍵がある。

　　大陸系の地政学　　地政学は、政治地理学と関連して発展してきた。政治地理学は、選挙分析、中央・地方関係分析、国境形成の自然力学、異なった政治体制（権威主義体制か民主主義体制か）の分布と友敵関係の変遷などに焦点をあててきた。地政学は、政治地理学の一発展形態として19世紀末以降、欧州を中心に形成・発展したものである（以下、山本 2009）。

　地政学は当初、地理的有機体ないし空間現象としての国家の理論および科学であった。19世紀末に、スウェーデンの政治地理学者チェレーンが「領土としての国家に関する理論」（チェレーン 1936：69）として地政学（Geopolitik）を提唱した。もともと、ドイツではヘーゲルの国家有機体説の影響を受けたラッチェルが「帝国の膨張」の必然性を強調しており、ドイツ地政学の興隆をもたらした（山本 2009：118-119）。

　ハウスホーファーは、民族の政治的活動の地的束縛を論じる観点からドイツ地政学を牽引し、ナチスの政治綱領の中核を構成する生存圏（Lebensraum）と自給自足体制（Autarchy）の思想的基礎を提供した。同時に「汎地域」論を提起し、ユーラフリカ（ドイツ）、汎ロシア（ソ連）、汎アメリカ（米国）、汎アジア（日本）の４つの地域（各々の中心国）に世界を分割する構想を提示し、それは1930年代から第二次世界大戦の日本による大東亜新秩序論と大東亜共栄圏思想と共鳴する。[1]戦後、この反省から日本では、地政学そのものに対する批判が生じ（山本 2009：120）、20世紀末に至るまで学問的考察の対象とすること自体

が難しくなってしまった[2]。

マッキンダーの地政学：ハートランド

これらのドイツ中心の地政学に対して、英米では別の地政学の流れが誕生する。正統派地政学の本流を形成したのは、イギリスのマッキンダーである。シベリア横断鉄道の完成（1904年全線開通）に伴うユーラシア国家の出現によるランド・パワーの攻勢を考え、大英帝国の覇権衰退を予見した彼は、鉄鉱資源と石炭資源を制する国家がイギリスに挑戦すると予想した。そこでハートランド論（当初は中核地帯（Pivot Area）と称した）として提起する。

ハートランドとは、北極圏から内陸河川の流域であり、アジアの半分に達し、欧州の4分の1を占める広大な地帯である。ただし、この地帯は接続性が低く（マッキンダー 2008：91）、人もそれほど居住できない。彼は、ハートランド以外の世界島を、①太平洋・インド洋の沿岸地帯、②欧州と地中海、③サハラ、④サハラ以南（南のハートランド）に分類した（マッキンダー 2008：95）。その上で、「東欧を支配する者はハートランドを支配し、ハートランドを支配する者は世界島を支配する」ことを示し、東欧や中欧（ドイツ語でMitteleuropa）をめぐるロシア、ドイツの角逐を地理的に分析した（⇒共通地図1参照）。

彼の地理的見地からの歴史観は興味深い。ギリシャの没落について、動き（mobility）の速いシー・パワー（海洋権力）を活かすには、整備され生産力に優れた基地が必要である（マッキンダー 2008：47）。ランド・パワー（陸上権力）たるカルタゴは、シー・パワーたるローマに対して陸路で挑戦するものの、敗北した。そうして地中海はローマ帝国が沿岸をおさえた閉鎖海（closed sea）になり（マッキンダー 2008：51）、ローマは道路網建設によりランド・パワーに変身した。

その後、カトリック勢力はラテン半島に約千年封じ込まれる。欧州の地図に西を上にして十字架を描くと、その中心はフランスであり、周辺の4つの主要な国民が十字架の四方にある。遊牧民族、バイキング、南東の敵に欧州は封じ込まれた（マッキンダー 2008：61）。半島の端にいたポルトガル人は、陸を迂回して岬を制し、商船が商業都市を作る海洋国家の時代へ誘った（マッキンダー 2008：66）。

その後スペイン、オランダ、フランスの挑戦に勝利し、豊饒な平野と文明を

もつイングランドが海洋覇権の時代を拓いた。イギリスは、ジブラルタル、マルタ、ヘルゴラントに拠点を置いたと同時に、大陸の永久拠点の形成を断念した。すなわち、イギリスはランド・パワーとなることを諦め、シー・パワーとして国勢を増大させ、19世紀にはインド洋をイギリスの閉鎖海とした。

　彼は本著で、プロイセン、後のドイツを賞賛する。いわく、ドイツ人は地図好きが高じてベルリン＝バグダッド（Berlin=Bagdad）、ベルリン＝北京（Berlin=Beijing）のような枢軸を考える。また宰相ビスマルクの手腕も絶賛する。羊飼いが番犬を使って羊を自分の手元に追い込む心理的手法を用いたビスマルクは、周辺の仏英、露英の反目を煽った。加えてオーストリアにボスニア・ヘルツェゴビナの併合を唆して墺露を反目させ、フランスを唆してチュニスを占領させ、仏伊間の不調を誘った。プロイセンが対デンマーク戦争（1864年）により、シュレスヴィッヒ・ホルシュタインを獲得し、バルト海と北海を自国領土内で結ぶキール運河（北海・バルト海運河）の開削につなげたことは、後のドイツにとって大きな飛躍となった。最たるランド・パワーのドイツは、第一次世界大戦においてシー・パワー中心の連合国と対峙し、敗北を喫する。

┌─────────────┐
│マハンの地政学：│ アメリカ地政学の本流で海上権力（sea power）論を展
│シ ー ・ パ ワ ー│ 開したマハンは、新しい帝国アメリカの海洋国家とし
└─────────────┘
ての地理的特徴を強調した。北緯30度から40度の間の地帯でロシアのランド・パワーとイギリスのシー・パワーが衝突すると予見する。そこで米英同盟によって、ユーラシア周縁の基地を結びシー・パワーによってロシアを抑えることを主張する。こうした彼の思想は、マッキンレー政権とセオドア・ルーズベルト政権の介入主義政策に影響を与え、フィリピン併合、ハワイ・グアム・プエルトリコの獲得、パナマ運河の掘削・支配権獲得につながった。

　マハンによれば、シー・パワーとは、海洋を支配する海軍力や平和的な通商及び海運等をさす。シー・パワーに影響を及ぼす一般的条件として①地理的位置、②自然的構造、③領土の大きさ、④人口、⑤国民性、⑥政府の性格を挙げた（マハン 2008：24）。シー・パワーにとって、海軍の運用は政治戦略と不可分であり、イ）戦略的要地としての根拠地の確保、すなわちドッグを有する大規模な修理施設と燃料・水・食糧などの各種の補給品の調達を可能にする場所の確保、ロ）根拠地間の補給線の確保：航路帯の安全の確保（輸送船の直接護衛を

含む）＝航路制海、の２つの要素をもって制海権とした（山本 2009）。

　マハンは、日露戦争において東西に海軍力を分散させて敗北したロシアと、艦隊決戦に勝利した日本と対置し、「大西洋をバルト海に、太平洋を旅順におきかえよ」とアメリカ人に警告した。また当時世界随一の海洋国家イギリスと日本の同盟に対する不信感をあらわにし、日米が衝突した場合に英国が対米支持に転じるのか、疑問をなげかける（マハン 2008）。この疑念は、後の対日戦争を想定したオレンジ・プランの策定に影響したともいわれる。

　<u>スパイクマンの地政学：リムランド</u>　スパイクマンは、第二次世界大戦の最中に地政学を発展させ[4]、リムランド（環状周縁地帯）論を提起した。すなわちマッキンダーが三日月状の周縁地域（Marginal Crescent）と呼んだ地帯をリムランドと再定義し、ハートランドではなくリムランドの支配こそが要諦であると主張する。具体的には、対ドイツ戦の勝利のために、米英のシー・パワーとソ連（ロシア）のランド・パワーの結合を通じて、ドイツのユーラシア周縁部支配を阻止すべきと考える（共通地図２参照）。

　「リムランドを支配する者はユーラシアを支配し、ユーラシアを支配する者は世界の運命を制する」と述べた彼の考えは、飛行機の戦力化の時代の反映でもあった。三次元化により地上部隊のみでは供給路を守られず、海上および陸上の「前線」消失を招いた。もはやシー・パワーは、陸軍の上陸を保証できず、敵を降伏に追い込むにも間接的効果しか有さない。エア・パワーの優位のみが戦線・供給を守るのである。

　エア・パワーの時代においてアメリカ防衛の観点から彼は、北米・南米を中心とする西半球の防衛のために、アラスカ、アイスランド、グリーンランドを新世界の３つの前線（極、太平洋、大西洋）であると看破した（スパイクマン 2017：10-11）。

　日米開戦に至る道程を彼は次のように考えた。一方でアメリカは1914年のパナマ運河開通、1918年の第一次大戦終結後、アメリカ艦隊は太平洋にシフトした。他方で日本は、ワシントン会議における艦艇保有比率の決定をうけて、日本版の「明白な運命」論ともいうべき拡張政策を高揚させた。アメリカにとって誤算もあった。例えば1931年にアメリカは海軍大演習後、パールハーバーに大艦隊を駐留させ日本を牽制したが、対日シグナリングとしては失敗した。な

ぜならアメリカが当時領有していたフィリピンを、地理的に近い日本に占領される恐れ——すなわち「フィリピン人質論」のためであった。

　彼の第二次世界大戦の予想の1つは、第二次世界大戦において、（現実の経過とは逆に）もし旧世界（ユーラシア大陸諸国）が新世界（米州諸国）を包囲することになればという仮定であった。この場合、日独は新世界を取り込むべく、アメリカ領の島嶼返還やハワイの武装解除を求めると想定される（スパイクマン2017：152-153）。こうしてハートランドへのアメリカのアプローチを日独が塞ぐだろうという明晰な洞察を残した（スパイクマン2017：234）。

第2節　冷戦期以降の地政学的思考

冷戦初期の地政学　第二次世界大戦にともに連合国として戦った米ソは、政治経済体制やイデオロギーの対極的違いゆえに対立を激化させ、特に欧州やアジアのリムランドでは、第二次世界大戦で兵を進めた範囲を自国の勢力圏として守るべく、軍事的に対峙するようになった。冷戦の一方の当事国であるアメリカでは、バーンハムが冷戦初期のアメリカの対ソ戦略を縁取る地政学を展開した。この流れは、共産圏に対するアメリカの「封じ込め」（containment）政策の下敷きとなる。またケナンの「封じ込め」論は、経済・技術「封じ込め」体制のイデオロギーにも転化し、対共産圏輸出統制委員会（COCOM）の設立につながった（以下、山本2009）。

　冷戦期アメリカの地政学の観点で考えると、欧州リムランド、中東リムランド、アジア・リムランドの共産勢力からの防衛は、北大西洋条約機構（NATO），中央条約機構（CENTO）、東南アジア条約機構（SEATO）、日米安保体制、米韓同盟体制の構築のように、いわば集団的封じ込めであった。しかしアメリカ単独の封じ込めともいうべきアチソン・ライン（1950年1月）は、防衛線から韓国を除外したため同年6月の北朝鮮の南進（朝鮮戦争勃発）を招いた。アメリカはまた、1960年代半ばからドミノ理論の地政学的表現としてのベトナム戦争への介入を行ったものの、多大な犠牲を双方にもたらした末、1975年には撤退した。

　対するソ連側は、主にスターリン、フルシチョフ、ブレジネフと代々のリー

ダーが地政学的戦略をとった。一方で欧州ではソ連国境は1945年に西進した。ソ連軍の占領地域がほとんどそのまま東西の分断線となり、オーデル・ナイセ線が新しいポーランド・東独国境となった。ドイツは東西あわせても、第二次大戦を経て38％の領土を失った。占領下でソ連は次々と東欧各国を共産化した。東西をこえた全欧州の安全保障機構の設立（後のCSCE）を提案した（1954年、モロトフ外相による）ものの、西側のNATO設立（1949年）と西ドイツのNATO加盟（1954年）に対抗する形で、集団的自衛権に基づいて1955年にワルシャワ条約機構を設立した。

　他方でアジアでは1945年8月、ソ連とともに対日宣戦したモンゴル軍が破竹の勢いで北京を目指したが、ソ連はあえて北京占領をモンゴル軍に許さなかった。それは、モンゴルの強大化をおそれ、また中華民国（国民党政府）との安定的関係を優先させたためであった。

　ソ連は同盟国を増やした。カストロ率いる民族解放革命が成功したばかりのキューバは、単なる反米国から社会主義国に転換した。キューバの親ソ化をおそれたアメリカはキューバ侵攻を計画するが失敗（ピッグス湾事件）、1962年には、キューバにおいてソ連によるミサイル基地設置の準備を察知し、それを海上封鎖で阻んだ（キューバ危機）。キューバの地理的位置がアメリカを恐怖のるつぼに落とし込んだのである。

⎛冷戦中盤以降の⎞
⎝地政学的思考 ⎠ フルシチョフはハンガリー動乱（1956年）に対して、ブレジネフは主権制限論を宣して「プラハの春」（1968年）に対して軍事介入を断行し、社会主義の勢力圏の崩壊をくいとめ当該国の秩序を強制回復させた。さらに国内が政治的不安定に陥っていたアフガニスタンに軍事侵攻し（1979年）、また自主管理労組「連帯」が大衆の支持を得たポーランドに対しても大規模軍事演習の実施で軍事介入を示唆し、結果的に同国を戒厳令布告（1981年）に追い込んだ。東西欧州における中距離核戦力（INF）の配備問題は、核戦争が欧州地域に「限定」される「限定核戦争」の可能性を高め、結果的に核戦争の敷居を下げることとなるため、東西間の緊張をさらに高めた。冷戦はグローバル化し、アフリカや中米で米ソ代理戦争たる内戦が次々に勃発し、単なるイデオロギー対立にはとどまらない地政学的な勢力圏争いを米ソは繰り広げた。

各国国内の冷戦も暗闘の様相を帯びていく。1970年代において、ソ連の力に
よる支配圏の維持は、周辺諸国に恐怖を与えていた。その1つの認識として、
「フィンランド化」という言葉がある。隣接する大国（ソ連）の政治・外交に
配慮・忖度するあまり、（当該大国と同盟関係でないにもかかわらず）政治的自由
や外交政策の選択肢を隣国（フィンランド）が継続的に自制・自粛するように
なることを一般に指す。1970年代の中立国フィンランドがソ連に対してとった
政策の結果を批評して当時の西ドイツで用いられた政治的造語を起源とし、日
本でも1980年代にこの議論が持ち出された。[6]

　北東アジアではイデオロギー論争を経て中ソ対立が1960年代末から激化し、
米中和解と同時並行的に中ソの軍事的緊張が高まる。例えば同盟国モンゴルに
ソ連は大規模な陸軍を駐留させた。モンゴル・中国国境から首都北京までは約
500kmしかなく、その大半が砂漠でありソ連軍戦車の南進に際しての地理的
障害は少ない。同様に、欧州では東独にソ連軍が大規模に駐留し、開戦後ライ
ン川東岸まで悠々と占領できる能力をもっていたといわれる。[7] 東側の通常戦力
（大量破壊兵器を用いない戦力）の優位性に対して、NATOは戦術核でソ連軍の
西進に対抗する戦略しかなかった。それゆえ反核運動は反ソ的というよりは反
米的になりがちであった。すなわち、市民運動でさえも地政学的背景から無縁
ではなかった。

冷戦後の地政学的対立　ゴルバチョフの新思考外交により、米ソINF全廃条
約（1987年）が締結された。その2年後に勃発した東
欧革命は、民主化運動とソ連の黙認（軍事不介入）を特徴とした。後者は、フ
ランク・シナトラの唄う「My Way」をもじって「シナトラ・ドクトリン」と
呼ばれ、東欧各国のソ連離れが決定的となる。同年12月のマルタ会談で宣言さ
れた米ソ冷戦の終結は、1990年の東西ドイツ統一、91年のソ連崩壊により東側
ブロックの完全解体、「民主化の波」となって顕在化した。アメリカは、1991
年の湾岸戦争、1999年のNATOによるユーゴスラビア空爆など、リムランド
における軍事的挑戦を続けた。NATOの二度にわたる東方拡大（1999年、2004
年）は、もはやロシアとの勢力圏争いの発想自体を西側から忘れさせるほどで
あった。

　しかしその波に抗ったのが中国である。1989年6月の天安門事件をのりきっ

た中国は、東欧・モンゴルの民主化やソ連崩壊をよそに、改革開放路線を進めた共産党支配下で順調に経済発展をとげ、21世紀に入ると海洋進出の拡大を試み、近隣諸国に大きな影響力を及ぼす。中国に対する近隣諸国の同調的立場を理解する際に、再び「フィンランド化」の言葉を用いた説明が見られる（⇒第1章）。

　その後ロシアもプーチン政権以降、地政学的プレーヤーとして再登場する。シリアの「イスラム国」支配地域に対するミサイル空爆を2015年から開始し、アメリカと同等な力の存在を世界に示すこととなった。ロシアが地対空ミサイルシステム S300供与をシリアやトルコに対して検討していることも、その別の例である。フルシチョフ時代の1954年にソ連内のロシアからウクライナへ配置換えとなったクリミア半島には、黒海艦隊を擁するセバストポリ軍港がある。1991年のウクライナ独立後もクリミア半島は特殊な地位に置かれていたが、2014年にプーチンはクリミアを事実上「併合」し、さらにウクライナ東部地域では内戦がおきた。さらにロシアがミサイル開発を再開したとして、かつて核軍縮の流れに先鞭をつけた INF 条約は、アメリカによって2019年に破棄された。

第3節　資源地政学

　現代の紛争の中でも資源紛争ほど人類に大きな影を落とす紛争はない。1960年代の資源ナショナリズムの勃興以降、資源配分における当事者意識の覚醒は、民族主義と民主主義の産物でもある。以前は資源生産国だけに限られていた資源ナショナリズムは、近年、パイプラインをめぐって、民族紛争と資源が争点として結びつくなど、変質しつつある。価格交渉という経済合理性によって解決されるべき資源通過の費用が、国内の民族間の対立と連動して争点化するのは、生産と消費の間の「通過」という要素が地政学的に重要になってきていることの証でもある。

　概して、この種の資源通過国をめぐる紛争の有無は、エネルギー安全保障の観点から分析されてきた（例えば、Sovacool ed. 2014）。その地理的範囲は、ルビヨン（Le Billon 2005）が概観するように、五大陸にまたがっている。また資源

と他の要素との関係も重要視されてきている。資源対立と民族（言語）・領土紛争が交錯する場合、複合的視野による研究が望ましい。従来の安全保障論にとどまらず、資源通過国が内在する紛争の内生性と外部性に焦点をあてることにより、資源通過国内の紛争と資源通過の交渉の双方を同時に考察する必要がある。紛争の内生性は、資源通過という外在性によって変容する。ある場合には、紛争と資源通過が負のスパイラルに陥る。しかし他方ではその陥穽は生じない。そこで本書は、次の2つの既存研究が資源通過国をめぐる紛争の有無にも適用されるか否かという問いに各事例研究を通じて応答する。

　まずラセットによる民主的平和論の研究、即ち自由民主主義的体制国同士の戦争可能性が小さく、逆に民主国家と非民主国家間の戦争可能性は小さくないという命題がある（ラセット 1996）。この民主体制による平和論は、資源の生産・通過・消費国の3者の政治体制にも適用されうるだろうか（⇒第1章）。

　加えて、既に資源と紛争をめぐっては、「天然資源の呪い」と総称される研究により、天然資源産出が資源生産国の発展に必ずしもつながらないことが統計的に示されている（Bannon and Collier 2003）。このモデルのうち民族構成比率の条件モデルを用いて資源紛争の発生可能性を考えた場合、資源通過国の民族構成比率は紛争拡大と関係を有するのであろうか（⇒第1章）。

　付記：本章の地政学の系譜の執筆にあたっては、山本武彦・早稲田大学名誉教授より
　　多くの示唆を得ることができた。この場を借りて深謝申し上げたい

【注】
1） 國松（1944）は、地政学の観点から南方資源を日本の生存圏の対象として位置づけた（國松 1944：139）。なお後述するイギリスの地政学に対して日本の当時の地政学者は「英國的謀略地政史」として批判し、独自の地政学を確立しようとしていた（小牧 1942）。
2） 戦前の地政学や戦後の批判については、柴田（2016）が詳しい。
3） キール運河は現在は国際運河であり、中国艦船の通過がニュースになるなど、世界三大運河の1つとして重要である。
4） スパイクマンは、ナポレオンの「大国の政治はすべて、その地理的位置にかかっている」、東条の「大東亜共栄圏は英領植民地によって正式に定められた地域であるがゆえに、何者にも侵略されることはない」といった言葉を引用し、政治における地理の重要性を説いた。
5） シレジア地方などの失われた領土には、全人口の約4分の1が居住していた

（Demshuk 2012：52）．

6）　ただし「フィンランド化」という言葉は、当時のフィンランド自身が反発したためそ
れほど広がらなかった。

7）　占領都市の「通り」の名称を社会主義風の名称に変更する看板さえ準備できていたと
される。

【文献案内】

①山本武彦（2009）『安全保障政策』日本経済評論社

②湯浅剛（2015）『現代中央アジアの国際政治―ロシア、米欧、中国の介入と新独立国の自
立』明石書店

③ピーター・ナヴァロ他（2019）『米中もし戦わば』赤根洋子訳、文藝春秋

【引用・参考文献一覧】

・國松久彌（1944）『地政学と東亜共栄圏の諸問題』東京開成館

・小牧實繁（1942）『日本地政学宣言』白揚社

・柴田陽一（2016）『帝国日本と地政学』清文堂

・ニコラス・スパイクマン（2017）『スパイクマン地政学―「世界政治と米国の戦略」』渡
邉公太訳、芙蓉書房出版

・ルドルフ・チェーレン（1936）『生活形態としての国家』阿部市五郎訳、叢文閣

・フランシス・フクヤマ（1992）『歴史の終わり　上・下』渡部昇一訳、三笠書房

・H・J・マッキンダー（2008）『マッキンダーの地政学―デモクラシーの理想と現実』曽村
保信訳、原書房

・アルフレッド・マハン（2008）『マハン海上権力史論』北村謙一訳、原書房

・宮脇昇（2017）「『新フィンランド化』試論」『地域情報研究』6号、36-51頁

・ブルース・ラセット（1996）『パクス・デモクラティア―冷戦後世界への原理』鴨武彦訳、
東京大学出版会

・Bannon, Ian and Paul Collier（2003）, *Natural Resources and Violent Conflict*, World
Bank Publications.

・Demshuk, Andrew（2012）, *The Lost German East: Forced Migration and the Politics of
Memory, 1945-1970*, Cambridge University Press.

・Greig, J. Michael（2002）, "The End of Geography? Globalization, Communications, and
Culture in the International System," *The Journal of Conflict Resolution*, Vol.46, No.2,
pp.225-243.

・Le Billon, Philippe（2005）, *The Geopolitics of Resource Wars*, Routledge.

・Sovacool, Benjamin K.ed.（2014）, *Energy Security*, SAGE.

第 I 部

資源輸送の壁はなぜ現れるか？

第1章

資源地政学と接続性・連結性

——体制と民族の観点から

宮脇　昇

【要　約】

　資源地政学とは、資源の生産、運搬、消費にかかわる地政学である。資源の産出国・消費国の地理的位置の重要性はいうまでもない。多くの資源や消費地域は偏在している。加えて、産出国から消費国に資源を運搬する際の通過地点と運搬方法が今日大きな課題となっている。

　陸路も海路も同様に重要である。陸と海で中国と欧州をつなぐ一帯一路構想（BRI）はそれを如実に物語っている。通過する海域や国家にはそれぞれの特徴がある。そこで接続性や連結性のありようが重要となってくる。

　海のない内陸国が資源を産出する場合、通常は近隣の沿岸国から港で運搬する。それは国際法上の権利として認められている。しかし現実には「内陸国の罠」のために、接続性や連結性の面で不利に働いている。

第1節　資源をめぐる地政学

資源の通過国

　資源を産出する国（資源産出国）、消費する国（消費国）の関係（産消関係）は、1960年代の資源ナショナリズムの勃興以降、大いに議論の的となってきた。資源の価格は資源産出国が決めるのか、それとも消費国がリードするのか。この対立において前者優位に逆転したのが、第4次中東戦争（1973年）に端を発するアラブ諸国の石油戦略の発動（石油危機）である。石油のほとんどを輸入している日本は、狂乱物価とい

われたインフレに対処せねばならず、また繁華街のネオン規制やガソリンスタンドの日曜休業などの消費抑制措置をとり、国民生活に大打撃となった。消費国は、サミットや国際エネルギー機関（IEA）を通じた代替エネルギー開発、石油備蓄等の国際的政策協調で危機を凌いだ。

　その後、産消関係の地理的橋渡しとなる、資源が通過する国（通過国）や海域の存在が注目されるようになってきた。資源通過は、他の物流に比べて容易ではない。まず一般に重量があるため航空輸送は難しい。海上輸送の場合は海賊や敵対国による攻撃の可能性を考えねばならない。陸上輸送の場合は、いずれの鉄路を利用するか、どこにパイプラインを敷設するかによって価格や安全性が変化する。海路の場合は、ペルシャ湾の安全航行ができなければ、石油輸出入は大きく妨げられる。現実に、通過国が協力しなければ、資源の通過は滞留してしまう。

$\boxed{\text{接 続 性 と 連 結 性}}$　カンナの著書『接続性の地政学』によると、現代は、国家が国境を争う時代から、巨大都市（mega-cities）が接続性（connectgraphy）をめぐって競争する新しいグローバル・ネットワークの文明の時代に移りつつある。

　グローバリゼーションはとどまることを知らず、資源開発と技術革新により国家間の戦争の時代は終わった。力の源泉はこれまでは軍事力であったが、今後はインフラ整備に資する工学である。巨大都市間でパイプライン、インターネット回線、高度技術、市場へのアクセスをめぐる競争が激しくなる。アフリカや中東諸国にとっては、植民地時代の国境よりも、新しい移動手段をめぐる回廊（corridor）やパワー・グリッド（電力網）の接続性が重要となるとされる[1]。接続性の高い都市が世界で優位にたつ。人間同士をつなげるインフラの線（幹線道路、パイプライン、鉄道、海底ケーブル）の総計は約6800万kmであり、世界の国境線総延長約25万kmを遙かに凌ぐ（カンナ 2017：上37）。インフラは、自然の地理を変え、独自の価値をもち、政治的ではなく機能的な線である。国家は地理的運命を接続性によって乗り越えることができる。カンナは、「サプライチェーンを制する者は、世界を制する」と提言し、土地の所有よりも土地の利用を重視する（カンナ 2017：上61）。現実に隣国との貿易は、世界全体の貿易量の4分の1程度にすぎず、接続性の高い地域間での貿易がそれを上回る。

接続性と類似の概念で連結性（connectivity）がある。EU は、交通、物流インフラのみならず政治的、心理的な結合の強化を目標に連結性を「諸国、人々、社会を近づけること」と定義し、その強化のために近年アジアとの対話を推進している。世界最大規模の物流会社 DHL は世界連結度指数（Global Connectedness Index）を発表し、2018年の調査では１位から順にオランダ、シンガポール、スイスの順となっている。

陸　の　時　代

近代まで、「道」「路」といえば、人間や牛馬が通る道であった。シルクロードは駱駝が通り、中世のモンゴル帝国は馬でユーラシア大陸を征服しようとした。道には困難がつきものである。それは山河の緩急の地形に大きく左右されることであった。それでも通商路としては、荒天に脆い船舶を用いる海路より、山河を抜ける道はより容易なルートであった。当時は陸の時代であった。牛馬を用いた移動手段や工事技術の理由により、道路整備は、いかに平坦にするかよりも、いかに容易に造成するかに力点が置かれ、隧道（トンネル）よりは峠道や浜通りを延ばした。当時の燃料は木炭など軽量なものであり、鉱物資源は金箔や金貨のような利用にとどまっていたため、資源移送は現在に比べると複雑ではなかった。

蒸気機関と鉄路・航路

しかし蒸気機関の発明により、鉄路が登場した。内燃機関（ガソリンエンジン）の発明により自動車が世に広まった。鉄路は傾斜を好まず、道路は狭隘を好まない。こうして陸路は本格的なネットワークの時代に入った。東西を鉄路でつなげ、南北を道路で結ぶ。それは軍事的にも大いに意味があった。シベリア鉄道完成によって日露戦争でロシアは大量の軍隊や装備を極東に送ることができ、反対に日本はシベリア鉄道の破壊工作を検討していたほどであった（稲葉 1995）。軍事利用の観点から、当初民間企業が敷設していた鉄道主要路線は、各国で次々と国有化されていった。

航路も蒸気船の登場により整備されてきた。それまで海をめぐる観念は、海「路」の言葉に表れるごとく、陸のロジックを海に援用し、いわば陸の従属物であった。しかしバイキングの時代の末に、大地球体説の認識の下でスペインとポルトガル主導による大航海時代が始まり、世界一周が成就されると、世界は海の時代に移行した。さらに蒸気船、すなわちイギリスの時代になると、海

路に必要なのは船乗りの勇敢さではなく、推進力の源となる石炭や機関となった。イギリスの時代以降は確実に、陸よりも海の世紀となった。海から見れば陸は海岸と後背地に過ぎず、continental という英語は backward を含意するようになった。大陸から孤立していた辺境の島国に地理的利点が生まれた（シュミット 2018：223-229）。多くの貿易会社は、国の戦略と一体となって植民地経営に進出した。

　海路の時代においては、海の向こう側を広範囲に見渡す要衝たる岬が重要となってくる。またホルムズ海峡、マラッカ海峡、スエズ運河やパナマ運河、北極海航路といった海峡・運河・航路が戦略的に重要であり、チョーク・ポイントと呼ばれる（山本 2019：18）（⇒第3章、第7章）。現在でもその重要性は、海運に貿易を依存する海洋大国やそれに対する挑戦国にとって、極めて高い。

空路と国境・国家

陸路と海路の接点は「港」である。20世紀前半、空の時代になると空の港、すなわち空港が整備された。航空機もまた当初は民間主導であったが戦略的重要性に鑑み、半官半民の航空会社が続々生まれた。陸海に比較して空路は、目的地間の最短距離を結ぶ合理性が特徴である。それだけに空港や基地を設ける場所が一層重要となる。

　一方で空路の発展に国家が多く関与してきたのは、国際協定がなければ国際空路の開設が難しいためである。領海の無害通航が国際法で認められても、領空はそうではない。北朝鮮領空の他国機による迂回や、ソ連による大韓航空機撃墜事件（1983年）（⇒第7章）は、空路にも厳然とした国境が敷かれていることを想起させる。

　他方で、空路は国境なき闘い、すなわち主要都市間の競争の場となっている。フライトストリームで見るように、空路は国よりも都市を選ぶ。仁川かシンガポールか、といったハブ空港をめぐる争いは、トランジット利用者にとっては国よりも空港の乗り継ぎの至便性や快適性を選ぶ争いである。当然ながら首都間のネットワークとは限らず、フランクフルト、アトランタは当該国の首都の空港よりもハブ空港としての役割が大きい[4]。

パイプラインとケーブル

21世紀になってから特に重要となってきたのが、パイプラインやケーブル（インターネット回線など）である。パイプラインは油田やガス田から都市や港に直送するため、直線が良い。しか

しどこを通るかは重要である。ロシアからドイツに向かうパイプラインはこれまで陸路を通っていたが、資源通過国たるポーランドの消極的姿勢を念頭に、ポーランドを大きく迂回するべくバルト海の海底パイプライン（Nordstream）の敷設に至った。パイプラインでガスを送り出す生産国のパイプライン外交もあれば、通過国がガスを多めにぬきとることで消費国に賛同・争点化圧力をかける外交もある。

　インターネット回線の多くは、海底ケーブルで接続されている。ケーブルが遮断された場合には、インターネットに接続ができなくなる。2018年3月30日から3日間、アフリカ西部のモーリタニアでは、情報のブラックアウトが発生した。回線遮断の原因については隣国による陰謀説もあれば、単なる技術的理由もあり、不確実性から外交的疑念が生じるところに、アフリカ諸国の接続性・連結性の危うさが見られる。ケーブルのルートが複数通じていればブラックアウトを回避できた可能性が高いためである。

第2節　内陸国の接続性

　┌──────────┐
　│ 海 か ら 陸 へ： │　国連海洋法条約（1982年採択、1994年発効）では、内陸
　│ 深 海 底 資 源 │　国（「海岸を有しない国」同条124条a）と「地理的不利国」
　└──────────┘
について特別な規定を設けている（同条約第10部他）。1973年から82年にわたる同条約制定過程（第3次国連海洋法会議）において、沿岸国グループと対立した内陸国・地理的不利国グループ（21カ国がグループを形成。それ以外の該当諸国を含めると約50カ国）は、人類益の観点から深海底開発機構へのアクセス・余剰資源の配分を要求していた。1950年代から内陸国等は、内陸の資源（食糧資源を含む）の有限性に鑑み（川上 1990）、漁業・生物資源やマンガン団塊をはじめとする海底資源の内陸への分配と供給を政治的に求めた。しかし沿岸国との対立の末、内陸国の求めは条約の規定に十分には反映されず、資源の「海から陸へ」の資源配分の主張は、内陸国側に富をもたらさなかった。

　条約発効後、非沿岸国の海洋・海底資源へのアクセスや分配の議論はほとんど進んでいない。そればかりか、海底資源開発のコンソーシアムである国際海底機構（ISA）もその期待に十分に応えているとはいえない。その最大の理由

は、世界最良の技術を有するアメリカが国連海洋法条約に加盟していないためである。

陸から海へ：
内陸国の罠

国連海洋法条約では「内陸国は、公海の自由及び人類の共同の財産に関する権利を含むこの条約に定める権利の行使のために海への出入りの権利を有する。このため、内陸国は、通過国の領域においてすべての輸送手段による通過の自由を享有する」（同125条）とされている。また「通過運送に対しては、いかなる関税、租税その他の課徴金も課してはならない」（同127条）の規定に補われる形で、通過の自由は完全なものであるように見える。

それでは内陸国も沿岸国も通商環境に大差がないはずである。しかし現実には、沿岸国において非関税障壁あるいは地方税等が課せられることが多く、同条の内容の実行は、内陸国と沿岸国の二国間合意次第である[8]。

大局的に言えば、貧弱な接続性に起因する多くの貿易障壁と貿易不均衡が内陸国に見られる。同様に安全保障環境においても、海軍力不在ゆえの軍事不均衡による同盟の停頓が特徴となっている。なぜ内陸国は、軍事・経済両面で沿岸国に勝れないのか。そこには内陸性に起因する限界があるのではないか。これを本章では「内陸国の罠」と呼ぶ（宮脇 2019：2）。

例えば、ユーラシアの両巨頭たる中ロに挟まれたモンゴルと、中欧の内陸諸国（チェコ、ハンガリーなど）を事例に考えよう。

第1に、モンゴルは協調的安全保障を渇望しその最適環境を醸成しようとする。四方を中ロに包囲された両国の緩衝地帯であるために善隣外交が求められ、ウランバートル対話（UBD）を主催するように、協調的安全保障の余地が大きい。同じユーラシアの西、ラテン半島の中欧内陸部では、NATOの東方拡大前から欧州安保協力機構（OSCE）に見られるように協調的安全保障の制度化が進む。内陸国は結果的に、同盟よりも協調的安全保障を志向しやすい。

第2に、中欧内陸部とモンゴルは同じユーラシアに位置しながら、前者はバルト海に発する翡翠の道（Amber Road）と絹の道（Silk Road）の交差点として接続性が高く（Romanowski 2017）、後者はBRIのメインルートから外れる。モンゴルでは、ソ連が建設した単線非電化の鉄路があるのみである。モンゴルは対ロ貿易のほとんどをこの鉄路に依存する。モンゴルから中国に延びる鉄路

**写真1-1　モンゴルの鉄道輸送（スフ
バートル駅構内にて、ロシ
アからの石油タンク車）**

出典：筆者撮影

は、軌間が異なるため、国境で数時間を
費やすことになる。

　世界の主要物流は、沿岸国・島嶼国発
着の海運である。海が陸に従属したシル
クロードの時代と現代との決定的異同
は、陸路と海路の利便性と危険性以上の
ものか。エア・パワーや宇宙軍の時代
に、内陸性の意味はどう変化するのか。
海岸から近くに立地するメガシティ中心
の時代を迎えた現在、先述の連結度指数
（2018年）のワースト3がスーダン、ジン
バブエ、アフガニスタンという内陸国であることが、見通しを暗くする。

第3節　政治体制と接続性

鉄路新設の論争と
海 へ の 出 口

内陸国を通過する、あるいは内陸国発の資源輸送をめ
ぐり、もし当該国の政治体制が民主的である場合、対
外交渉者が世論の分裂に直面しうる。例えばモンゴルでは1990年代初頭の民主
化以降、同国の経済は自由化したが、資源開発に関しては外資流入を厳しく制
限している。モンゴル政治では、石炭輸出の方法や相手国が争点となってき
た。資源の第三国への輸出は、鉄路あるいはトラック輸送により中国の天津
港、あるいはシベリア鉄道経由でウラジオストク港を利用せざるを得ない（以
下、宮脇 2017：222-226）。実際には同国の最大規模の炭田は同国南部の中国国
境に近い地帯に位置する。その石炭は中国にトラックで輸送され、ほとんどは
中国に輸出される。

　モンゴル南部の炭田から中国向けに石炭輸出用の貨物鉄道の新設が計画され
ている。しかし軌間をめぐってモンゴル国内で大きな論争が惹起された。すな
わちモンゴルの鉄路は旧ソ連規格の広軌である。中ソ対立前に接続したモンゴ
ル・中国間の唯一の鉄道は、地理的に炭田を全く経由していなかった。それで
は軌間をどうするのか。中国は国際標準軌を採用しているため、対中石炭輸出

の経済合理性に鑑みれば標準軌を用いるべきである。しかしそれは、モンゴルの従来の軌間と異なる新展開である（宮脇 2017：227）。中国による鉄路の軍事的利用への懸念がモンゴル国内で政治的争点となり、鉄道建設は予定より遅れた。

　中国経由で海外に輸出するコストも廉価とはいえない。例えば、ウランバートルから天津港の輸送（往復）には、1 TEU（20フィート換算のコンテナに相当）あたり約1400ドルの費用がかかる。そのうち、中蒙国境で250ドル、中国国内の移送手数料が30ドル、天津港で80ドルが必要である。パナマ運河の移送料は1 TEU72ドル（2007年）である。モンゴルは、中国経由の貿易にパナマ運河の約5倍の料金を支払っていることになる。

　もう1つの海への出口たる、シベリア鉄道経由でウラジオストク港からの輸出については、シベリア鉄道の貨物価格が割高であり経済合理性の観点から一層困難である。3.11以降の日本の石炭需要の拡大に対応して、日本の商社がテストケースとしてモンゴルの石炭をシベリア鉄道経由で輸入したところ、中国経由の試算コストより約6倍の費用となった（宮脇 2017：225）。

　モンゴル側は、国内の単線鉄道の複線化を望んでいる。しかし鉄道の運営に大きな影響力をふるうロシア鉄道側の消極的姿勢により未だ実現していない。

民主主義国と
非民主主義国

仏教国モンゴルをダライ＝ラマが訪問した際に、中蒙国境は封鎖され、事実上の制裁が行われた。このことは、モンゴルが自由民主主義国、中国が非民主主義国（人民民主主義国）であるという政治体制の違いと関係があるだろうか。

　ラセットによる民主的平和論の研究、即ち自由民主主義的体制国同士の戦争可能性は小さく、逆に民主国家と非民主国家間の戦争可能性は小さくないという命題がある。この命題が歴史的事例をもとに検証されて久しい。この民主体制による平和論は、資源の生産・通過・消費国の三者間の政治体制でも適用されうるだろうか。

　ここで「資源をめぐる対立は、生産・通過・消費各国内の政治体制により変化する」と考えてみよう。資源通過国がもし民主主義体制であれば、交渉者は、民族問題を含めた世論の分裂に直面する。資源の生産・通過・消費国の三者の政治体制を吟味し、エネルギーの価格交渉という経済合理性の課題が民主

主義体制下で高度に政治化し、関係国の外交政策の課題となり同時に通過国内の民族紛争と連動し、紛争拡大の危険を惹起させることに注目する。

　2006、2009、2014年の三度にわたり、ロシアからウクライナへの天然ガスの価格問題（高い国際価格で売却したいロシアと、ソ連時代の紐帯に基づく廉価で購入したいウクライナの対立）で両国は決裂し、天然ガス供給が停止したため、パイプラインの先に位置する欧州諸国は、暖房用燃料が不足し、厳しい寒さの中で冬の一時期を過ごさざるを得なかった。この対立は、政治的背景を有していた。ロシアとウクライナの軋轢は、ウクライナ国内のロシア語系住民とそれ以外の多数派との間で、主導権をめぐる紛争として選挙の争点となった。その根底にはウクライナで民主主義が継続し、プーチン体制のロシアと距離を置く政権であったことがある。資源通過に際してウクライナの地理的位置は戦略的重要性を有しているため、資源生産国・消費国双方の過剰な関与を招きやすい。

　しかしそれは、ロシアとEU諸国に挟まれたという意味ではベラルーシも同様のはずである。ロシアからベラルーシ経由でEUにつながるパイプラインをめぐっては、以前同様の低価格据え置きの見返りをベラルーシがロシアに与えたため、対立は顕在化していない。この差は、民主的選挙によって対ロ政策が変化する国（ウクライナ）と、自由選挙が実施されず結果的に親ロ的な政策をとる国（ベラルーシ）の違いによる（共通地図1参照）。

　一方でベラルーシは、1994年から大統領を務め独裁者と批判されることもあるルカシェンコの下で、ロシアとの経済統合を進めている。政権の安定性と同国の相対的な親露政策の継続性をベラルーシは担保している。他方、ロシアではプーチン政権が続き、選挙時の不正も指摘されつつ「選挙王政」といわれるほど非民主的になりつつある（メドベージェフ大統領の下でプーチンは首相として実権を保った）。類似の政治体制であるロシア・ベラルーシに資源通過をめぐる対立・紛争がなく、ロシアはガス価格をウクライナ並みに値上げすることはない。逆に、民主化・脱ロシア化を進めるウクライナとの間では政治体制の違いを一因として対立が高まっているといえよう。

　先述の中蒙関係の資源移送の不和についても、政治体制の差異に起因すると理解できる。実際に各国の民主主義を指数にしたDemocracy Indexでは、モンゴルが民主主義の「孤島」のように浮き上がっている（図1-1参照）。

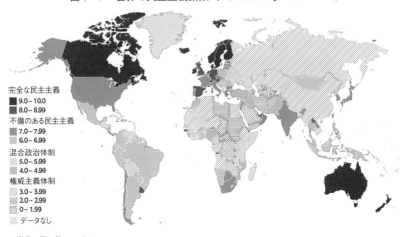

図1-1　世界の民主主義指数（Democracy Index 2017）

完全な民主主義
■ 9.0 – 10.0
■ 8.0 – 8.99
不備のある民主主義
■ 7.0 – 7.99
■ 6.0 – 6.99
混合政治体制
■ 5.0 – 5.99
■ 4.0 – 4.99
権威主義体制
▨ 3.0 – 3.99
▤ 2.0 – 2.99
■ 0 – 1.99
▨ データなし

出典：The Economist

第4節　民族比率と接続性

　資源と紛争をめぐっては、「天然資源の呪い」と総称される研究（⇒序章）により、当該国における多数民族の割合が45〜90％の場合、天然資源産出が資源生産国の富の再配分につながらず、結果的に経済発展をもたらさないことが統計的に示されている。この民族構成比率の条件モデルを用いて、「多数民族の割合によって資源通過国内の対立は変化する」として考えよう。具体的には、通過国における多数民族の割合が45〜90％の場合、資源移送にまつわる紛争が生じやすいのではないか。ロシアとモンゴルからの資源移送の事例を前節に引き続き検討しよう。

　ロシアからのパイプラインの例では、ベラルーシの多数民族（ベラルーシ語系住民）は63％であり、ウクライナのウクライナ語系住民は54％である。前者では資源通過が争点化していないが、後者では争点化した。後者で争点化したのはロシア語系住民との政治的分裂が背景にある（図1-2参照）。多数民族の比率だけでいえばウクライナ・ベラルーシ双方とも「呪い」の仮説で提示した

図1-2　ロシアからEUへの資源通過国と紛争

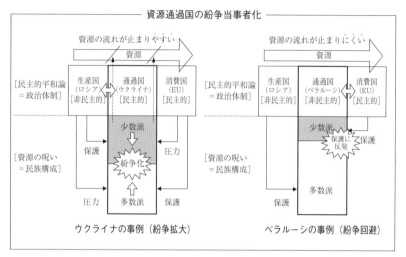

出典：筆者作成

比率に妥当するが、結果の差異を説明することはできない。

　モンゴルの例を見よう。モンゴルで多数民族の占める割合は約95%、中国のそれは約90%（漢民族）である。石炭輸出をめぐるモンゴル国内の対立は、同国内で漢民族や別の少数民族の政治化を招いてはいないものの、モンゴルの多数民族内では世論の分裂を生んでいる。ちなみに、中国北部内モンゴル自治区には多数のモンゴル族が居住しているものの、同地は民主主義ではないため石炭輸送をめぐる争点は顕在化しない。中国側では民族比率が「呪い」の提示比率を超えているため争点化しないといえなくもないが、モンゴル側では異なる。結論として、民族比率との因果関係を明らかにすることは難しい。

第5節　資源生産国・通過国・消費国の関係

フィンランド化　このように、民族比率は資源通過の争点化の有無と関係はしていないものの、政治体制とは関係しているといえよう。しかし政治体制は永遠に不動ではなく、隣国との関係で変質しう

る。ここで1970年代から80年代に西ドイツや日本で議論された「フィンランド化」（⇒序章）について検討し、説明を補いたい。

　国際政治学者ルーキンによれば、中国周辺とロシア周縁部におけるフィンランド化が進んでいるという[9]。ルーキンは、ロシアに対するモンゴル、中国に対するモンゴル、韓国、ラオス、カンボジアをその事例として挙げる[10]。フィンランド化された諸国では、（概ね）民主体制のまま、非民主主義的大国である隣国への政治的配慮が継続的に見られる。

　ベラルーシは、自らのイニシアチブもありロシアとの経済統合を進めてきた。この統合は、自らフィンランド化を積極的に選択することにより、政権の安定性と同国の相対的な親露政策の継続性を担保している[11]。逆に、ウクライナはそうした選択肢をめぐって政権交代が頻繁になされ、結果的に親欧政権は資源移送の紛争を再度顕在化させた。

　しかし、フィンランド化が進むと経済的自立性を減じることになる。結果的に、経世済民の術である「エコノミック・ステートクラフト」（山本 2009：59-70）を失うことになりはしないか。この危険を回避するには、接続性・連結性を高め、資源通過の経路を多角化するしかない。

接続性を高める国際機構　「内陸国の罠」から脱するためには、接続性・連結性を高めることが必要である。この視座は、アジア内陸部の安全と発展の鍵、ひいては海上国家として富と権力を築いた欧米に対するアジア復権の源泉を示唆している。

　そのためには、政治体制や民族比率が接続性を抑制しない環境醸成が必要である。民族間の対話を促す市民社会組織（CSO）に完備情報を提供し、OSCEのような組織の国際的圧力の下で国家間・民族間対話を組織化する必要がある。例えば、国際機構の役割としてOSCEでは資源移送が紛争との関連で議論の対象になってきた。この点から、資源地政学は、伝統的な国家中心の地政学であると同時に、市民社会、都市から国際機構のレベルに至る多層的観点を要する地政学である。

【注】
1）　https://www.paragkhanna.com/connectography/

2） 定義については EU-ASEAN 対話である ASEM のものを参照。https://eeas.europa.eu/sites/eeas/files/asem_definition_connectivity.pdf　また日本との関係では、2019年9月には安倍首相も出席して欧州連結性フォーラムが開催された。（https://ec.europa.eu/epsc/sites/epsc/files/events/epsc_connectivityforum_programme.pdf）

3） https://www.logistics.dhl/content/dam/dhl/global/core/documents/pdf/glo-core-dhl-gci-2018-ranking-overall-results-en.pdf　なお日本は42位である。

4） 同様のことは海路にもいえる。現在の貨物港ランキングでは、世界一は上海港であり、釜山港（韓国）、名古屋港が上位に位置する。国土交通省ウェブサイト（https://www.mlit.go.jp/common/000228234.pdf）

5） https://www.businessinsider.com/undersea-international-internet-cables-cut-in-africa-2018- 4

6） 深海底開発をめぐって沿岸国と内陸国のグループ間対立が生じていた。鷲見（1979）を参照。

7） 例えばボリビア・パラグアイ共同提案では、200海里の「地域的経済水域」において域内の海床等の天然資源の探査・開発・保存に関する「地域的主権」を関係国は有するとし、共同管理や利益分配について言及されている。鷲見（1979）23頁。

8） 国連海洋法条約125条 2 項では「通過の自由を行使する条件及び態様については、関係する内陸国と通過国との間の二国間の、小地域的な又は地域的な協定によって合意する」と定められている。

9） 例えば、Lukin（2015）.

10） Interview with Prof. Artyom Lukin, School of Regional and International Studies, Far East Federal University, Russian Federation, on June 15, 2016.

11） ベラルーシについては、宮脇（2001）、同（2003）に加えて、服部（2004）が詳しい。

【推奨文献】

①パラグ・カンナ（2017）『接続性の地政学—グローバリズムの先にある世界　上・下』尼丁千津子・木村高子訳、原書房
②カール・シュミット（2018）『陸と海』中山元訳、日経 BP
③岡田勇（2016）『資源国家と民主主義』名古屋大学出版会

【引用・参考文献一覧】

・稲葉千晴（1995）『明石工作』丸善ライブラリー
・上久保誠人（2018）『逆説の地政学』晃洋書房
・川上壮一郎（1990）「内陸国と海洋」『法学新報』87巻、1 -42頁
・鷲見一夫（1979）「第三次国連海洋法会議第七会期（再開会期）」『海洋時報』12号、2 -29頁
・服部倫卓（2004）『不思議の国ベラルーシ—ナショナリズムから遠く離れて』岩波書店
・宮脇昇（2001）「ベラルーシの民主化と人権問題」『ロシア研究』32号、109 -130頁
・宮脇昇（2003）「ベラルーシの民主化問題と OSCE」『ロシア・東欧学会年報』31号、199

–217頁

・宮脇昇（2017）「アジアのエネルギー共同体形成におけるコネクティビティ」進藤栄一・朽木昭文・松下和夫編『東アジア連携の道をひらく』花伝社、218–229頁
・宮脇昇（2019）「内陸性の罠」『グローバル・アジア・レビュー』8号、2頁
・山本武彦（2009）『安全保障政策』日本経済評論社
・山本武彦（2019）「世界のチョーク・ポイントと海洋地戦略」金沢工業大学国際学研究所編『海洋と国際関係』内外出版、17–34頁
・Lukin, Artyom（2015）, "Russia, China and the Korean Peninsula: A Post-Ukraine Assessment," *International Journal of Korean Unification Studies*, vol.24, no. 3 , pp.67–100.
・Romanowski, Michael（2017）, "Where the Silk and Amber Roads Meet: China in Central and Eastern Europe," *Global Asia Review*, pp.84–89.

第 2 章

資源地戦略とサプライ・チェーン・ネットワーク

──ユーラシア大陸での資源獲得をめぐる地戦略的相互作用との関連で

山本　武彦

【要　約】

　現実主義国際政治学の発展に寄与した20世紀の地政学を「古典」地政学と捉え、その研究成果を踏まえながら、20世紀末から今世紀にかけて地球社会を覆うようになった経済の地域化（regionalization）とグローバル化（globalization）に着目して、「地経学」と「地技学」いう概念を「古典」地政学にまぶしながら吟味する。これら３つの概念を合成した新しい概念を「地戦略」と表現し、21世紀初頭にユーラシア大陸で展開される大国間関係をこの観点から分析する。特にユーラシアの資源大国であるロシアと中国の影響力に焦点を合わせ、両国のエネルギー資源戦略がヨーロッパのエネルギー獲得戦略にどのように投影されているかについて検討する。

第 1 節　強まる資源地政学と資源地経学のリンケージ

地戦略論の捉え直し

　近年、古典地政学の思考の枠組みにこだわり続けることが、世界政治経済の実像を把握するうえで、ますます間尺に合わなくなってきた。情報・通信（IT）革命の急展開に伴って国家アクターや非国家アクターが織り成す相互作用は錯綜化の様相を強め、古典的な地政学的解釈だけでその実態を的確に把握し、理解することは、不可能に近い。他方で、地戦略（geo-strategy）という概念が政策決定者や戦略問題の研究者によって用いられるが、その場合、この概念は地政学概念とほとんど同じ意

味で用いられることが多い。そうではなく、IT革命が加速度的に進み、人工知能（AI）革命が経済・通商セクターはもとより、軍事セクターをも覆う時代環境のなかで、旧来の思考枠組みで地戦略概念を捉え続けることがもはや時代遅れになってしまったことを認識すべきである。

　その意味で、1980年代から使われ始めた地経学（geo-economics）概念を取り込んで、地戦略概念を再構成する必要性を感ずる。かつて、地戦略を地政学と地経学を合成した概念と捉え直し、さらに地政学と地経学を接続する媒介変数として地技学（geo-science and technology）概念を導入したが（山本 2009）、本章でも同じ捉え方で分析を進める。

　国際システムで大国の地位を保持する国々とその国を母国とする企業は、自国の経済成長を図り、世界貿易秩序のなかで先端技術製品の比較優位の確立を目指して技術開発にしのぎを削る。技術優位をかけた覇権争い、と言い換えてもいい。現代の国際貿易秩序を規定する規範とルールは，第二次世界大戦後の米ソ冷戦が激しさを増すなかで西側世界の覇者に躍り出たアメリカが定礎したものであり、①自由貿易主義と②無差別貿易主義、そして③多角貿易主義、の３つの原理からなる。1991年に冷戦が終結して後、GATT（（関税及び貿易に関する一般協定）体制に代わって1995年から現在の世界貿易機関（WTO）が貿易新体制としてスタートし、これら３つの原理を継承して現在に至っている。これらの原理は３つとも不離一体の関係を成し、加盟国がいずれか１つの原理に違反したり、逸脱する行動をとれば直ちに他の規範にも負の影響を及ぼす。

　この秩序原理を埋め込んだアメリカが、当時の"技術覇者"として自由貿易を謳歌し、圧倒的な輸出所得を手にして世界のすべての市場に向け投資と技術移転を加速させていく。アメリカこそ、自らの手で確立した自由貿易秩序から最大の利得を得る国となったのである。自由貿易の規範や原理は、見方を変えれば経済的に最も強い国に最大の利得をもたらすものといっていい。

　しかも、自国通貨であるドルを基軸通貨とする国際金融体制として国際通貨基金（IMF）を創り、ドル覇権を背景に盤石の貿易覇権を手中に収めていく。この経済覇権は1940年代後期から80年代初めまで続くが、世界的規模で拡大したアメリカ資本による投資や技術移転が、皮肉にも覇者としてのアメリカの技術優位の基盤を蝕んでいくこととなる。いわゆるブーメラン効果を浴びたので

ある。その嚆矢となったのが、基軸通貨ドルと金^{きん}の交換停止を表明した1971年
の"ニクソン・ショック"であり、それに伴いアメリカの技術覇権が揺らぎ、
やがてアメリカの技術優位に日本やドイツなどが肉薄していくこととなる。こ
の頃からアメリカと日本との間で貿易摩擦が激しくなり、同時に技術摩擦も日
常化していく。

地経学概念の台頭 このように技術摩擦が昂進していくなかで提起された
のが、地経学（geo-economics）という 新しい概念であ
る。提起したのはルトワックであり、地政学的発想に偏りすぎるアメリカの政
策決定サークルに警鐘を鳴らし、政策方向の転換を求めたのである。（Lutwack
1989）特にルトワックがこの概念を提起するにあたって念頭に置いたのが、ア
メリカの貿易赤字を恒常化させて止まない日本であった。

　戦後復興から高度成長に向かった日本が輸出立国を国家目標に据え、アメリ
カのハイテク産業から得た技術を自前の開発力で更なる技術革新を進めてい
く。情報・通信技術や半導体技術、工作機械技術などの技術分野でアメリカが
保持してきた比較優位の地位が、日本によって脅かされることに脅威認識を深
めていくのも無理はない。とりわけレーガン政権期の政府・議会・経済界は、
対日脅威認識で覆われていく。日米経済摩擦の根底には、比較劣位化が進むこ
とに対する根強い危機感が脈打っていたのである。

　しかも、産業技術は同時に軍事技術としての一面をもつ。アメリカの冷戦期
における対ソ軍事技術の優位は、産業技術面での圧倒的な対ソ優位によって支
えられていたと言っても過言ではない。在来型兵器（conventional weapons）か
ら大量破壊兵器（WMD）やそれらの運搬手段であるミサイル技術に至るあら
ゆる兵器体系の構築に、軍事用にも民生産業用にも用いられる軍民両用（dual-
use）技術、すなわち汎用技術面でアメリカは揺るぎない優位を保持してきた
のである。だが、半導体や工作機械の製造技術面で対日劣位化が進んでいく。

　このような時代環境のなかで起こったのが、1987年に明るみに出た東芝機械
㈱による同時9軸制御のスクリュー研磨機の対ソ不正輸出事件であった。（山
本 1988）スクリュー研磨機は航空機のプロペラ製造にも用いられる典型的な汎
用工作機械であり、潜水艦の発するスクリュー音の静謐化技術に用いられれ
ば、アメリカが確保していた対ソ核抑止力の優位が揺らぐことになりかねな

い。対ソ核抑止力の脆弱化を一挙に促してしまう。COCOM（対共産圏輸出統制委員会[1]）による高度汎用技術移転規制体制の規範とルールを破る行為とみなしたレーガン政権は、対日批判を強め、議会も東芝制裁条項を含む「1988年包括貿易・競争力強化法」を通過させたのである（山本 1982：第3章）。

　こうしてアメリカは、ソ連を政治的・軍事的ライバルと見立ててCOCOM体制の頂点に立ち、ソ連の引いた「鉄のカーテン」に対抗する「技術のカーテン」を引く一方、日本やドイツなどに対抗して、同盟国でありながら経済的ライバルと化していく国々に向けた産業ハイテクの移転規制を意図する「技術のカーテン」をも引いていく。まさに"二重の「技術のカーテン」"にほかならない。80年代末に法制度としてアメリカ内外の技術戦略の枠組に埋め込まれた技術保護主義は、現在もアメリカの対外技術戦略の根底で脈打つ。

第2節　日米経済戦争から米中経済戦争へ：
強まるユーラシアへの地経学パワーの投射

「北京コンセンサス」と「ワシントン・コンセンサス」の交錯

1991年にソ連が崩壊して、40年余に及ぶ米ソ冷戦がアメリカの勝利で終わった後に、日本がアメリカの新たな脅威として立ちはだかるかのように見えたが、日米摩擦も相次ぐ日本側の譲歩で和らいでいく。そして、21世紀に入り旧ソ連に代わる"新しい超大国"の相貌を現したのが中国であり、アメリカの中国に対する脅威認識は膨らみ続け、現在に至っている。

　そして、トランプ政権が2018年3月に「通商拡大法」232条に基づき鉄鋼に25%とアルミニウムに10%の追加関税を課したのに続き、2019年9月までに4回に及ぶ追加関税を中国に課した。その大きな理由として防衛産業・技術基盤（DITB）の維持という目的が明示されたが、これは1980年代に日本に対して発動した時と同じ論理によるものであった。まさにアメリカによる地経学的対抗策であり、アメリカの技術覇権を維持しようとする戦略の発動にほかならない。1980年代にアメリカが日本の国家主導型技術開発構造を批判し、日米構造改善協議（SII）という名の交渉を迫った当時と同様の理由から、中国政府と中国共産党が中国企業と一体となって、アメリカを含む世界市場に輸出攻勢を仕

掛けている、と批判する。

　こうして、大陸の周縁に位置する島国日本からユーラシア大陸のアジア部（東方域）の中枢部に位置する中国へと、アメリカの地経学パワーの投射方向が移っていく。この流れのなかで米中間の地政学的な相互作用が絡まり、後述する地経学と地政学を繋ぐ要素として地技学的なせめぎ合いが激しくなっていく（シバタ・吉川 2018）。

　2010年代に入って米中間の貿易摩擦が高まるにつれ、国家主導型の輸出行動をとる国々を総称して"北京コンセンサス"という呼称が世界に広まり、これに対して1940年代後半から主導してきたアメリカの自由貿易主義の主張に傾斜する流れを"ワシントン・コンセンサス"という呼び方が対置されるようになる（Arrighi and Zhang 2011）。トランプ政権登場までのアメリカでは、特に南北協調を基礎に置く新自由主義的な経済関係の構築を追求しようとする傾向が強まっていく。

米中対立の激化　戦略概念としての地経学は、国家の地戦略的利益を実現するためにその国の経済的なパワーを適用する試みを意味しており、（Scholvin and Wigell 2019: 9）地技学は国力（national power）の重要な構成要素である経済力（economic power）の源泉となる。中国に対して相次いで関税を課し、2019年 8 月には「為替操作国」に指定したように、技術移転規制の強化といった地経学パワーの行使が日常化すれば、報復の応酬がエスカレートするのは避けられそうにない。ここに中国の軍事力増強を意識したオバマ政権以来の再均衡（rebalancing）戦略の地政学が加わり、米中関係はジョセフ・ナイのいう「冷戦ではないが、協力的なライバル」関係へと変質していく（Li and Li 2018: 10-28）。

　一方、中国がアメリカに対する報復関税措置を発動したことで米中貿易摩擦は加速し、オバマ政権当時にアジア・太平洋地域の12カ国で成立した環太平洋経済連携協定（TPP）からトランプ政権が離脱を表明するなど、日本をも巻き込んで太平洋を跨ぐ地経学的応酬が続く（Schortgen 2017：123-131）。そして極め付きは、中国政府や中国共産党と深いつながりのある中国の情報・通信企業大手ファーウェイ（華為技術）と中興通訊（ZTE）の製品の輸入禁止と技術移転の規制に踏み切ったことである。この制裁事例を通して、AI 技術と次世代通

信規格５Ｇに関連する技術面での中国の比較優位の確立に向けた動きに、アメリカがいかに神経を尖らせているかが分かる。この流れは同時に、アメリカが保ってきた高度汎用技術面での比較優位構造が中国の挑戦によって切り崩されようとしている現実をも浮彫りにする。

特にアメリカが製造技術面での比較劣位化をいかに恐れているかは、中国政府が打ち出した「中国製造2025」の野心的な製造技術の開発計画を一瞥しただけでも知れよう。それは、ちょうど1980年代後半に日本が製造技術面で対米比較優位を手にせんとしていた当時、アメリカの対日バッシングが日を追うごとに強まっていった情景を彷彿させる。今やその矛先は、日本から中国へと向きを変えつつあるとみていい。アメリカはブッシュ政権当時の2007年に「対外投資・安全保障法（FINSA）」を制定し、現在では「2019年国防権限法」に盛り込まれた「外国投資リスク審査現代化法（FIRRMA）」によって、さらに厳格な投資規制の下で汎用ハイテクの移転管理を行おうとしている（田上 2018：81-93）。

と同時に、アメリカ国内で実施される基礎科学の研究に関する会議への外国人の参加を規制するようになり、特に中国人研究者の参加に神経をとがらせるようになった。この規制措置を「deemed export control（みなし輸出規制）」と呼ぶようになったが、この制度の導入は科学的基礎研究の分野をも囲い込もうとする点で、まさに地技学（geo-science and technology）の国策の発動と呼ぶに相応しい。日本もこの戦略にならって、国内の大学や国公私立の研究機関に外国人研究者が関与することに制限を課す「みなし輸出規制」制度を2006年に導入し、現在に至っている。

第３節　国家の大戦略と深く関わる地戦略論

先端技術の
比較優位競争

本来、国境とかかわりなく世界の研究者や市民によって共有されるべき科学的基礎研究の成果をも国家の枠組みの中に取り込もうとする力学は、地経学の根底を構成する概念であり、同時に地政学の基礎をも構成する要素となっていることに気づく。例えば、第二次世界大戦に前後して花開いた原子物理学の基礎研究が、やがて原子爆弾の製

造につながったし、冷戦の激化を背景にロケット工学の基礎研究が弾道ミサイルの開発につながっていく。科学的基礎研究の成果が軍事技術に変貌していく数々の実例を目にするようになる。

それらの技術は、同時に産業用の民生技術（civilian technology）としても活用されていく。科学的な基礎研究がやがて汎用技術として応用されていくのが半ば常識となり、軍事技術と民生技術の両用化に拍車がかかっていく。敢えて再言すれば、地技学（geo-science and technology）は、地政学と地経学を接続する媒介概念となったのである。と同時に、それは国家の対外政治力と軍事力（military power）の源泉となる要素でもある。国際システムが主権国家体系としての構造的属性を基調とする限り、国々の政策決定者は、好むと好まざるとにかかわらず、国力と国益の追求を国策（statecraft）の基軸に据え続けることであろう。

軍事技術（汎用技術も含め）の高度化に伴う兵器体系の高度化と破壊力の巨大化は、国家間紛争の解決手段として軍事力を用いることをますます難しくする。勢い、自国の国益を実現する手段として経済力を用いる傾向が強まり、国際社会に経済制裁が横行するようになった。経済制裁のように経済力の物理的行使は、まさに「他の手段による戦争」行為にほかならない（Blackwill and Harris, 2016）。いつの時代も、技術革新は戦争のような死闘と激烈な競争に伴って促されてきた。米中間の競争が激しさを増せば増すほど、技術革新のグローバルな進展は熾烈な闘争と競争に刺激されて勢いを増していくことであろう（Kennedy and Lim 2018：553 ff.）。

地戦略概念と国家の大戦略 今もなお国家の大戦略（grand strategy）は、その国の置かれている地理的空間と他の国との距離によって大きく影響されて形成される（Gaddis 2017）。地戦略（geo-strategy）の概念がこの点と深く関わっていることは強調するまでもない 。オバマ政権当時から始まった再均衡（rebalancing）戦略は、トランプ政権にも受け継がれ、中国の海軍力をはじめとする軍事力の増強に対抗することを強く意識する。米中ともに地経学行動を強め、牽制し合う（森田 2018）。アメリカによる一極支配の構造が崩れた後の国際秩序について、中国がどのような構図を描いているのか、いまだ定かではない（Sclweller and Pu 2011：41-72）。

一方、国際システムは主権国家体系を構造的な基礎としており、自律性を有する主権国家の国内問題から発生する様々な力学によって影響を受ける。一国の対外戦略は、国際システムで生起する様々な事件の影響が国内領域にまで及ぶと同時に、国内問題が国際行動にまで影響を及ぼす可能性が高いときに形成される。グローバル化が加速するほどに、1つの国の国内問題と深く関わる国際問題との連繋（linkage）化が進む（Rosenau, ed. 1969）。韓国における徴用工問題が日本の国内制度である輸出管理システムの変更問題とリンクする形で日韓関係の悪化をもたらしたのは、その一例といっていい[2]。

　このように見てくると、国際社会のなかで国家の追求する大戦略（grand strategy）は国内の政治地図（例えば議会内の与野党の勢力分布）を反映しながら、その国の軍事的安全保障上の利益や経済的な利益を実現するための国策（statecraft）を総合して形成されることになる。同時に、大戦略を構成する3つの国策（①外交国策、②軍事国策、③経済国策）の根底を繋ぐ要素として科学・技術国策が脈打つ。これを図式化すれば、次のような簡単な関係図式で説明できよう。

　この図式は、むろんユーラシア大陸に存在するすべての国の大戦略に共通するものであり、その国の置かれている地理的位置によって国策の力点の置きどころは変わってくる。ユーラシア大陸では、資源配分をめぐって時にはアメリカが関与する形で国々の利害が複雑に交錯する。衰えたとはいえ、現在の国際

図 2-1　大戦略（grand strategy）と国策との相関関係

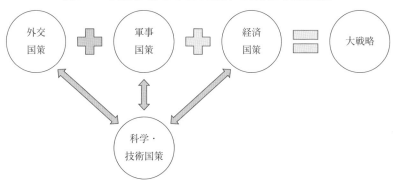

出典：筆者作成

秩序を担保する軍事力や経済力の面で比較優位を保っているのは依然としてアメリカである。国連安保理による経済制裁（例えば対北朝鮮制裁や対イラン制裁）にせよ、国連によらない有志連合による経済制裁にせよ（例えば、2014年のクリミア併合後の対ロシア制裁）、アメリカの参加する制裁行動はアメリカの経済国策が色濃く投影され、それなりの影響力を醸し出しているのはその好例である（Baldwin 1985：278–289）。先に見た1980年代のソ連をターゲットにした"パイプライン制裁"も、もちろんこの文脈で発動された。

第4節　ユーラシアを覆うサプライ・チェーン・ネットワークの複合化と接続性の力学

中国の大戦略の展開

こうして、ユーラシア諸国は自国の抱える地政学的条件や地経学的条件を織り込んだ外交国策を展開し、大戦略に盛り込まれた国益の実現に向けた行動を展開する。むろん大戦略を推進する機関車の役割を担うのが、当該国の編み出す地戦略であり、その国のもつ科学・技術上の国策が戦略の推進に当たって重要な役割を果たす。とりわけ"北京コンセンサス"に傾く国々は、中国の推進する「一帯一路（BRI）」の大戦略に親和感を抱き、これに合わせた地戦略を描き出す。中央アジアに位置するカザフスタン、キルギス、トルクメニスタン、アゼルバイジャンといった国々は、このカテゴリーに含まれよう。ロシアやグルジアといった国々もこれに敏感な反応を示す。

　陸上のBRIで中軸となるのは、とりわけ中国から中央アジアに抜け、ヨーロッパに至る回廊であり、中国からみてユーラシアの「西と東を引っぱり合う（West-East "Pull"）」力学が働く。これに対抗するかのようにインドが進めるインド亜大陸からユーラシアを貫通する「南から北へ押し上げる（South-North "Push"）」力学が同時に働く（Muzalevsky 2015：30 ff.）。インドのムンバイを起点とする南北経済回廊構想がそれである。

東西経済回廊と
南北経済回廊の交錯

BRIは大きく分けて「陸のシルクロード」と「海のシルクロード」によって構成される。戦略的に重要な位置を占めるのが中国の新疆・ウイグル自治区とパキスタンのギルギット・バル

チスタン州を結ぶカラコルム・ハイウエーである。すでに陸上輸送で使われて
おり、新疆ウイグル自治区のカシュガルとパキスタンのグワダル湾を結ぶ中
国・パキスタン経済回廊（CPEC）の構築が進む。先述のインドの南北経済回
廊構想と絡んで、その地戦略的なパワー投射の試みに関心が注がれる。CPEC
では、パキスタンのペシャワルとカラチを結ぶ高速道路が整備され、グワダル
湾周辺に空港などの流通インフラが建設される予定であり、これにより中国は
マラッカ海峡を通ることなくアラビア湾への出口を確保することになる。中国
にとって CPEC の完成は、中東からアフリカ大陸へのアクセスを容易にし、
資源開発と直接投資の拡大に大きく寄与する。それはインド洋への回廊の敷設
と重なる。今後、中国のアフリカ大陸に向けた地戦略的な眼差しは、ますます
研ぎ澄まされたものとなるであろう。

　また CPEC は、パキスタンが実効支配しているカシミール地方のギルギッ
トとバルチスタンを通ることから、インドの警戒心はいやがうえにも高まらざ
るをえない。周知のとおり、カシミール地方はインドとパキスタンと中国の三
国の地戦略がせめぎ合う敏感な地域である。2019年8月にインドのモデイ政権
がインド側のジャム・カシミール州の自治権を剥奪して連邦政府の直轄地にし
たことからパキスタンと中国が反発し、緊張が走った一事は、この点をよく表
している（『朝日新聞』2019年8月8日）。

> サプライ・チェーン
> 回 廊 の 構 築

BRI の戦略は、資源インフラはもとより情報インフラ
や仮想通貨が取引手段として使われるブロック・
チェーンといった流通や通商のインフラをも包摂するグランド・デザインとし
て描き出され、果敢に実践されようとしている。BRI はすでに中国の大戦略と
しての色彩を強め、21世紀における中国の国策全体を包摂していくことは間違
いあるまい（Beeson 2019）。

　BRI の推進は、大陸規模のサプライ・チェーン・ネットワークの複合化を促
す力学を醸し出す。言い換えると、BRI を基軸とする国々の大戦略のせめぎあ
いが、ユーラシアを貫通するジオ・ガバナンス体系を彩り、資源や素材や部品
などの巨大なサプライ・チェーン空間の拡大を促してやまない（山本 2018：
240-259）。中国が BRI を、ユーラシア大陸を陸と海から東西を結ぶ国際公共財
と位置づけ、BRI に参加する国々も国際公共財と認識するなら、BRI を基軸に

表 2 - 1　世界の貿易構造の変化（2001年-2014年）

世界での輸入比率（%）上位10カ国				世界での輸出比率（%）上位10カ国			
	2001	2006	2018		2001	2006	2018
EU	38.5	38.3	31.4	EU	39.6	37.8	32.1
アメリカ	18.7	15.7	13.3	中国	4.4	8.1	8.6
中国	3.9	6.5	10.8	アメリカ	12.0	8.7	12.9
日本	5.5	4.7	3.8	日本	6.6	5.4	3.8
香港	3.2	2.7	3.2	韓国	2.5	2.7	2.9
韓国	2.2	2.5	2.7	香港	3.1	2.7	3.1
カナダ	3.5	2.9	2.3	ロシア	1.6	2.5	2.3
インド	0.8	1.5	2.6	カナダ	4.3	3.2	1.7
メキシコ	2.7	2.1	2.4	シンガポール	2.0	2.3	2.3
シンガポール	1.8	1.9	1.9	メキシコ	2.6	2.1	2.1
合計	81.4	79.9	74.4	合計	78.6	75.6	71.8

出典：ITC Trade map および Curran 2017：135から引用

したサプライ・チェーン・ネットワークはユーラシアの大動脈となるであろう（王 2017：250-260）。

　現に、ユーラシア大陸で要の位置を占めてきたトルコへの中国の接近は濃密となり、両国間の地戦略的な連繋関係がますます強まろうとしている（Tumbovska 2012）。また、陸上輸送回廊の建設は着実に進み、「中欧班列」と呼ばれる中国とヨーロッパを連結するユーラシア横断鉄道を使ったコンテナ定期輸送は、BRIのシンボル的なプロジェクトの１つとされ、2018年８月の時点で60以上の路線で構成され、中国とヨーロッパの40以上の都市を結んでいるとされる（李 2018a）。ここ数年、外航海運から「中欧班列」への貨物シフトが進み、荷主にとってトータル・サプライ・チェーン・コストの節約に貢献しているという（李 2018b）。すでに、ポーランドには中国の主導する大倉庫群が形成されており、「中欧班列」が完成すればユーラシア・ヨーロッパ部とアジア部を繋ぐ物流の一大拠点になるのは間違いない。21世紀に入ってからの世界貿易に占めるユーラシア諸国の地位が、格段に高まったのは、その何よりの証である（表2-1参照）。これに海峡や運河などのチョーク・ポイントが開発・整備

され、ユーラシアを囲む海洋インフラが加わると、サプライ・チェーン・ネットワークはさらに重層化されることになろう（山本 2019：17-34）。

　このネットワークの拡大に寄与するのが情報・通信インフラであり、ファーウェイ（華為技術）などの IT 関連企業がこのインフラ構築に大きな影響力を発揮してきた。1980年代後半から、世界経済の地軸が西洋から東アジアに移ったという認識が広がるのと並行して、中国の IT 関連技術の高度化が進み、その技術革新を担ったファーウェイやアリババなどの IT 関連企業がユーラシア大陸アジア部の地理空間を支配していくこととなる。そして、アメリカを母国籍とするグーグルやアップルなどとの間で熾烈な競争が戦わされる。"GAFA と BATH の対抗" がそれである（田中 2019）。BRI のプリズムを通してみる近未来の縮図は、一見アメリカや日本やインドの唱道する「自由で開かれたインド・太平洋（FOIP）」戦略と対抗するかのように映る（Cannon and Rossiter 2018：7-17）。

接続性革命の渦中に
置かれたユーラシア

こうして、ユーラシアのアジア部とヨーロッパ部で進む域内・域外との接続システムの形成力学が本格的に躍動する。カンナは、ユーラシア諸国がユーラシア大陸の内と外で地理的空間を超えた相互作用を営む様を、接続性の概念と地理学を合成した「接続性の地政学（connectography）」という概念を提起し、それがユーラシアを貫通するガバナンス・システムにどのような影響を及ぼしているかをめぐって大胆な考察を試みている（Khanna 2016：part 3, pp.151-171）。IT 革命に促されて、サイバー空間が国家社会や市民社会を瞬時に結び合わせる機能を果たしつつある現在、モノ・人・カネ・技術の移動と伝播はグローバルな接続性革命の進行を促してやまない。このような状況が、今後どのように国々の地戦略的相互作用に影響し、ユーラシア・ガバナンスの相貌の変化に影響を及していくのか、予断を許さない。

　ただ、サイバー空間が重層化すればするほど、国境を越えたサプライ・チェーン・システムや生産工程システムの脆弱性が増していくのは避けられない。近年、しばしば問題化してきたサイバー攻撃が、いつ何時サプライ・チェーン・ネットワークや生産工程システムを寸断したり攪乱させたりするか。その危険性に対する警戒と万全の対策や予防策の構築が強く求められよ

う。そのためには、国家の枠組みを超えて関係国政府や民間が一体となって防護システムやリスク管理のメカニズムを築き上げていく努力が求められる。

　すでに、ユーラシアの西方域ではイギリスの欧州連合（EU）からの離脱後を見据えた「グローバルな英国（Global Britain）」構想がメイ政権下の2016年に提起され、ユーラシア・ハートランドとリムランドへの政治的・軍事的・経済的関与を強める方向で、1960年代後半から始まった「スエズ以東からの撤退」路線に歯止めをかけ、再びグローバル・リーチを志向する意図が打ち出された。イギリスの大戦略の大転換であり、Great Britain から Global Britain へと針路変更を試みようとしている。

　すなわち、イギリスは伝統的な米英特殊関係の継続と同時に、日英軍事協力の強化や FOIP への関与を強め、BRI と一体になったアジア・インフラ投資銀行（AIIB）への参加を決めるなど、トランス・アトランティック＋トランス・ユーラシアへの大戦略の転換を果たそうというのである。香港を拠点とするイギリスの地経学的な利益はいまだに根強いパワーを秘める（セイヤー 2019）。

　他方で、中国は2019年に習近平国家主席が欧州諸国を歴訪した際にフランスとイタリアから BRI への支持を取り付け、また EU の旗頭であるドイツも前向きに参加への意図を示す。これが実現すれば BRI は文字通り、ユーラシアの西方と東方とを繋ぐ巨大なサプライ・チェーン・ネットワークの大動脈となるであろう。古代ローマに発し中国に至るロマンの道「シルクロード」が、海路も加えて装いも新たに姿を現そうとしている。BRI を下支えする開発投資の資金源として、AIIB の占める位置はますます高まるであろう（Beeson and Xu 2019: 345–360）。

　しかも、ユーラシア大陸の東北部に位置して南北に分断されてきた朝鮮半島で、2018年から南北首脳会談が三度にわたって開催され、米朝首脳会談も同じ頻度で開かれたことは、最後まで残されてきた冷戦の遺産が消え去るかもしれないという予感を抱かせる。折しも、韓国の文在寅大統領が2018年8月15日に開かれた「光復節」の式典で演説し、「南北朝鮮間で自由に行き来し、一つの経済共同体を成すこと」を目標に掲げ、軍事境界線付近で分断されている南北の鉄道を連結し、さらに中国やロシアなどと直結させる「東アジア鉄道共同体」構想を提案した（『朝日新聞』2018年8月15日夕刊）。

この提案が実現すれば、大陸と日本との接続パイプが太くなることを意味する。ひいては、対馬海峡の地下を横断する海底トンネルの敷設が視野に入ってこないとも限らない。

第5節　資源地戦略の躍動と権力政治の展開

資源大国ロシアと
資 源 の 「 罠 」

　もちろん、このネットワークには資源大国ロシアも含まれる。冷戦期のソ連時代から冷戦終結後の現在に至るまで、ロシアはユーラシア大陸の資源大国としてエネルギー資源などの天然資源を主要な輸出所得源としてきた。特に西シベリアとウラル地方で産出される石油と天然ガスは西欧諸国に供給され、冷戦時代の地政学的対抗関係にもかかわらず、地経学的にはかなりの程度相互に依存しあう関係が築かれてきた。周知のとおり、ロシアはユーラシア大陸における資源供給のネットワーク構築戦略に深く関わっており、ロシア自身もユーラシアニズムの戦略思考に立脚した大戦略を今も国策の基本に据え続ける（Diesen 2019: 64-80）。今世紀以降、前世紀以上にエネルギー資源を力源とした大戦略をユーラシア大陸で展開していくのは間違いない。

　冷戦期のライバル国家であったアメリカも、ユーラシア大陸への関与を継続していくことであろう。「アメリカ第一主義」を掲げるトランプ政権にしても、自らの関与を前提としたユーラシア地戦略を放棄したわけでは決してない。シェール・ガス（および石油）革命を背景として、アメリカもエネルギー資源大国としてロシアに並び立つ。その点で、米ロ関係は「愛憎」相半ばする戦略的パートナーシップの関係にある、といえようか（Isakova 2005: 84-89）。

　しかしその反面、冷戦時代には地政学的に対立関係にあるがゆえに、しばしば西欧の同盟諸国に対してロシア（旧ソ連）から天然ガスと石油の供給停止という制裁を受けたり、その脅しを仕掛けられたことがあった。その一例として、1979年末に起こったソ連軍のアフガニスタン侵攻事件をめぐってアメリカの主導で実行された対ソ経済制裁に際し、西欧諸国向け天然ガスの輸出をソ連が停止しようとした件を挙げることができる。ソ連の欲する西側のハイテク製品の禁輸に対抗する措置として、天然ガス・パイプラインの元栓を閉めようと

したのである。この対抗措置に直面した冬場の西欧諸国が、文字通り震えあがる思いをしたことはいうまでもない。ところが、輸出所得の多くを資源輸出に依存するがゆえに、ソ連は資源産出国の陥る「罠」にスッポリとはまり込んでしまう。エネルギーを輸入に頼ってきた西側諸国の省資源戦略の展開によって、エネルギー資源価格が低迷を来したことで輸出所得の激減に見舞われようとしたからである。"資源の呪い"に襲われたと言い換えてもよい。ロシアも、他の資源基盤型経済体制の国と同じように、構造的な脆弱性に慄いたのである（山本 2016：145-165）。

　こうして、資源地政学と冷戦地政学とが合体する形で資源地戦略が、ユーラシア・リムランドとハートランド全域で先鋭化の一途をたどったのである。ただでさえ東欧諸国の経済を支えるためのコスト負担を強いられていたソ連にとって、アメリカを含む西側諸国による地戦略的なハイテク封鎖戦略に耐えるのはあまりにも過酷であった（Deese 1984：158-181）。

　ユーラシアにおけるこのような資源地戦略の応酬を一瞥すれば、天然ガスと石油はロシアの貿易収支を支える資源基盤型経済の中枢を占める資源だけに、「両刃の剣」としての強さと同時に脆さをも併せ持つ。天然ガス（natural gas）がロシアの放つ経済制裁の最も有力な武器となり、時には政治的に「不天然ガス（unnatural gas）」に転じてしまいかねない。天然ガスがユーラシアにおけるロシアの地戦略的利益の主要な追求手段になると同時に、権力政治の武器としても用いられてきた。と同時に、資源価格如何によってはその戦略的価値が激減し、かえって重荷になりかねない危うさにも直面する。

パイプラインの"戦略的"脆弱性

また、天然ガスをユーラシア・ハートランドからリムランドに送るには長距離の大口径鋼管で作られるパイプラインが敷設されていなければならない。大口径鋼管の製造技術はいまもドイツと日本が圧倒的な比較優位を占めており、ロシアは日独からの輸入に頼らざるをえない。しかも、長距離輸送するには、長いパイプラインの途中でガスの流れを促進するためにローターを使って大きな圧力を加えなければならない。このローター技術を持っているのは、アメリカのドレッサー・インダストリー社である。

　1980年代初めにポーランドの自由化を弾圧したという理由からレーガン政権

が対ソ経済制裁を発動した際に、ドレッサー社の技術で作ったイギリスのジョン・ブラウン社製のローター製品をソ連向けに輸出することを阻止しようとしたことがある。このアメリカの措置に対して、サッチャー英首相が激怒し、アメリカ国内法である輸出管理法を域外適用する国際法違反行為という理由から、貿易利益保護法を制定してジョン・ブラウン社に対ソ輸出を実行するよう命令を発したという逸話が残る（山本 1982）。まさに、政治的な理由から天然ガスが不天然ガス（unnatural gas）に急変し、アメリカを交えた熾烈な権力政治を引き起こす要因となったのである、1980年代末の"パイプライン制裁"は、冷戦で向き合う米ソの大戦略が衝突し、同時にアメリカの同盟国同士の大戦略の衝突をも引き起こした点で、「友と敵」の識別が混乱しかねないほど技術相互依存のネットワークがCOCOM体制の水面下で進んでいたことを、はしなくも知ったのである。天然ガス・パイプラインの抱える"戦略的"脆弱性に、ロシアは今も向き合わざるをえない。

　ともあれ、ロシアは天然ガスや石油を西側世界に輸出し、産業用製品や民生用品の多くを西側世界から輸入するという貿易構造に据え置かれている。近年では、ウクライナの独立以降、黒海から地中海に抜けるロシアの地政学的ポジションと地経学的利益をめぐって対立が絶え間なく続く。ロシアによるクリミア併合後、2018年11月にクリミア半島とロシア側のタマン半島との間を通るケルチ海峡で、ロシア海軍がウクライナ艦船と乗組員を拿捕する事件が発生したが、この事件もその文脈で捉えることができよう。ケルチ海峡はウクライナにとってアゾフ海から黒海に抜けるための地戦略的に重要なチョーク・ポイントである。ロシアによる実効支配に不信感を募らせるのも当然であろう。

"地経学国家"ドイツの
ジ　レ　ン　マ 天然ガス・石油超大国ロシアと西側諸国との関係で特に重要な役割を果たすのがドイツであり、現代世界で最も成功を収めた"地経学国家（geo-economic state）"ドイツは、ロシアにとっていまや最も頼りになるパートナーと言ってもよい。北方領土問題を抱える点でドイツとは地政学的立ち位置が異なるとはいえ、日本も現在までのところ"地経学国家"の範疇に含めてよかろう。

　それはともかく、ドイツとロシアはウクライナ問題やイラン問題に象徴される現代世界で最も敏感な諸問題をめぐって、共同歩調をとる機会が実に多く

なったことに注目しなければならない。ドイツとロシアの関係は歴史的にも因縁浅からぬ関係で覆われてきたが、とりわけ今世紀に入ってから経済的相互依存関係の拡充には目を見張るものがる。

　確かに、ドイツは北大西洋条約機構（NATO）の重要メンバーであり、ロシアと地政学的に対立関係にあることは否定できない。だが、経済的にはロシアからの資源輸入とロシアへの輸出と投資の仕組みに深く組み込まれており、ドイツの地経学パワーのロシアへの投射は西欧のどの国よりも強く、深い。旧東欧諸国でEUに加盟したポーランドやハンガリーやチェコなど、かつてCOMECON（経済相互援助会議）体制下でソ連と経済的利益を共有していた国々以上に、ロシアとの経済関係は強く、ドイツは地経学パワーを背景に「ドイツ株式会社（Germany inc.）」の利益の最大化に余念がない（Szabo 2015：87）。しかも、ウクライナ問題やイラン問題をめぐる争点をめぐっても、フランスを含むEUとロシアとの対話メカニズムに深く関与する。まさにドイツ大戦略のユーラシア展開と言うに相応しい。

第6節　エネルギー資源をめぐる競争と共存

エネルギー資源をめぐる大国間競争　中国もロシアと並ぶユーラシアの資源大国でありながら、急速な経済成長と14億人の人口圧力にさらされながら、いまなおアフリカや中南米などからも資源輸入を進めようとする。確かに、レア・アースを見ると世界の全産出量の80％近くを中国が占め、アメリカは全輸入量の80％を中国に依存するほど、ハイテク製品に不可欠な資源の産出量を誇る。しかし、エネルギー資源の自給率は85％と日本と比較してはるかに高いものの、石炭や天然ガスの輸入量が年々増加傾向にある。BRIの展開はエネルギー資源をはじめとする天然資源の安定的な確保と中国企業の海外展開を後押しする地経学パワーの投射の一環にほかならない。AIIBの設立とセットになって展開されるBRIは、ユーラシアやアフリカ大陸におけるインフラ構築によって中国の輸出入戦略を有利に進める地戦略の発動、と理解するのが自然であろう。軍拡競争になぞらえて「インフラ軍拡競争（infrastructure arms race）」と表現するのも（Miller 2017：43ff）、あながち誇張とはいえまい。

2014年にユーラシア経済共同体と称する経済同盟がロシア、カザフスタン、アルメニア、キルギス、ベラルーシの５カ国によって結成され、シェール革命後のアメリカ、カナダ、メキシコからなる北米同盟に続き石油輸出国機構（OPEC）に並ぶユーラシア大陸のエネルギー同盟としてスタートした。その中心に位置するのはむろんエネルギー超大国ロシアであり、ロシアを頂点としたエネルギー共存システムが形成されたことを意味する。だが、それが果たしてロシアによるエネルギー資源の囲い込みを意味するのか、今のところその明確な意図は判然としない。また、中国がこれに加わるかどうかも、今のところはっきりと見通せない。ただ、2015年の中露首脳会談でユーラシア経済共同体とBRIをリンクさせる旨の合意が成立したことは、遠くない将来にロシアと中国を中心とするユーラシア・エネルギー大同盟が成立する可能性なしとしない。

　しかも、ロシアは北極圏に存在する未開発の巨大な天然資源の開発意欲を隠そうとはしない。北極圏へのロシアの地経学パワーの投射を指呼の間に臨み、アメリカも食指を伸ばそうとする。むろん、中国も北極海航路（NSR）の開拓と称してロシアが掲げる北極圏開発構想を横目に見ながら、独自の地戦略をめぐらす。氷上シルクロード構想もその一環である[3]。未開の北極海資源をめぐる権力政治と国際協力とが複雑に交錯する局面が続く（Chauvet 2015）。その動きはすでに始まっている。近年、東シベリア開発を促進する狙いから、上海協力機構（SCO）での協議や中露二国間交渉が行われ、また中国がベーリング海峡の航路開発に取り組み始めたのは、その端的な例である。

　一方、EUとそれを構成する国々も今後のエネルギー資源の安定供給を戦略目標に掲げ、ロシアやアジア諸国、さらには中東諸国とのエネルギー協力に積極的に乗り出そうとしてる。すでにドイツはロシアから天然ガスをバルト海の海底経由で輸送するパイプライン「Nord Stream」を稼働させており、さらにフランスなどと共同で2019年からの稼働を目指して「Nord Stream 2」の敷設を進めている。これら２つのパイプラインはロシア産の天然ガスに対する依存度を高めずにはおかない。さらにウクライナ紛争のあおりを受けてロシア産天然ガスの供給に支障をきたしたことから、ウクライナを経由しないルートの開発をスタートさせた。リスク分散を図る策である。

カスピ海開発をめぐる 競 争 と 共 存

ヨーロッパが着目したのがユーラシア大陸の南部に位置するカスピ海の石油・天然ガスであり、「South Stream」と呼ぶ輸送ルートの開発に向けてカスピ海に面するロシアやイランなどカスピ海沿岸5カ国との調整外交を進めていく。問題は、広大なカスピ海の利用権をめぐって関係国の利害をどのように調整するかである。

結局、2018年8月にカスピ海に面するロシア、イラン、アゼルバイジャン、カザフスタン、トルクメニスタンの5カ国首脳会議が開かれ、カスピ海の領有権や海底資源利用について定めた「法的地位に関する協定」が成立した。これにより、ソ連崩壊後に続いてきたカスピ海の領有権問題などが解決され、カスピ海を利用するための経済開発の方途について合意が達成されたのである。この協定で、各国沿岸から15海里（約28km）を領海とし、25海里の排他的漁業権を設定、海底資源の所有権を国際法に基づいて当事国同士の合意で確定させ、沿岸国以外の軍がカスピ海に入るのを認めないことが定められた。さらに、パイプライン設置も当事国同士の合意で認めると定め、トルクメニスタンやカザフスタン産の天然ガスをカスピ海経由でアゼルバイジャンまで運び、さらにヨーロッパまで輸送する計画が浮上することとなったのである。バクー・トビリシ・ジェイハンを結ぶBTCパイプラインもその計画に含まれる。

19世紀から開発が始まったバクー油田で産出された石油をジョージアのトビリシを経てトルコのジェイハンに運ぶBTCパイプラインは、カスピ海のエネルギー資源輸送ルートとして最も重要な位置を占める。トルコは、このパイプラインで重要な地政学的位置を占め、地経学的にもBRIと関わる要の位置を占める。そのトルコがEUへの加盟を申請したのは1987年のことであり、1999年にEUはトルコを加盟候補国に指定し、2005年から加盟交渉に入ることが決定された。

EUやその加盟諸国にとってカスピ海の石油・天然ガスの輸送問題は、エネルギー供給の多元化とロシアへの依存度の軽減という観点から地経学的に極めて重要な問題である。BTCパイプラインやNabucco天然ガス・パイプラインは、いずれもトルコ領内を通過するだけに、トルコのEU加盟問題はヨーロッパにとって地戦略的にも死活的な意味を有している。しかし、加盟申請から12年経とうとしている現在もなお、加盟問題に前進はみられない。移民・難民問

題がEU域内の結束を揺るがしている時だけに、イスラム系人口が多数を占めるトルコのEU加盟の前途は相当に険しい。

　とりわけ、2004年にスタートした全長4000kmに及ぶNabucco天然ガス・パイプラインはトルコ領内だけでも2000km走るだけに、トルコ国内の政治的・社会的安定が欠かせない。トルコのEU加盟を「エネルギー回廊」の確保という観点から前向きにとらえようとする動きは、この観点と深く関わる（Tekin and Williams 2011：196-198）。このパイプライン計画にはパイプライン通過国であるオーストリア、ハンガリー、ルーマニア、ブルガリア、トルコ、ドイツのガス関連企業が出資しており、文字通りの多国籍企業である。と同時に、ガス供給を受ける国々にとって事実上の国際公共財ともなりうる。ロシアへの過度のエネルギー依存から脱却する方途として、中東諸国とトルコへの依存構造へとシフトすることがEUの今後の大きな課題としてのしかかる。

　民主主義の政治体制をとるとはいえ、エルドアン大統領の強権的支配の下にあるトルコの政治的安定は、現在までのところ揺るがない。だが、エルドアン体制下の強権支配に対する不満がいつ爆発するとも限らない。BTCラインにせよ、Nabuccoラインにせよ万全の安全ラインでないことだけは確かである。

　トルコに隣接し、ユーラシア大陸のリムランドに位置する中東地域の混乱もまた、欧州や日本にも地政学的・地経学的リスクを膨らませてやまない。特にヨーロッパとロシア、中国が関与して2016年にイラン核合意が成立したにもかかわらず、トランプ政権が2019年にイラン産原油禁輸の経済制裁を発動し、単独主義的な地戦略的対応を示したことから混乱に拍車がかかる。ペルシャ湾内におけるタンカー攻撃やホルムズ海峡周辺の軍事的緊張が重なるうえに、関係する国々が複雑に絡み合ってこの地域における地戦略的混沌はなおも続く。

第7節　結　　び

　以上、ユーラシア大陸におけるサプライ・チェーン・ネットワークとエネルギー・ネットワークの重層的な展開について概観してきたが、中国の大戦略として展開されるBRIの射程は、アフリカ大陸にまで延びる。すでに中国企業のアフリカ進出は、大陸全域にまで浸透している。2018年には習近平国家主席

がセネガル、ルワンダ、南アフリカ、モーリシャスの4カ国を訪問し、過去5年間のうち4回目のアフリカ訪問を果たした。この訪問を通じて巨額の援助をテコにインフラ建設に積極的な役割を果たす意欲が示され、これらの国々の欧米諸国離れを加速させようとする。

　中国の直接投資は年々増大するとともに、アフリカの主要都市のインフラ建設はもとより消費財生産にまで私企業が進出し、さながら中国ブームの下で都市は賑わう。しかし、華やかさの裏には落とし穴が待ち受ける。BRIの展開に潜む「債務の罠」に、アフリカ諸国はハマらないとも限らない危うさが漂う。またアフリカの資源国が、先に触れたロシアが陥るかもしれない「資源の罠」と同じように、資源価格の暴落に直面する「罠」に陥らないとも限らない。エネルギー資源をめぐっても、アフリカのエネルギー市場が日米欧のエネルギー戦略の対象となり、いわば“草刈り場”へと変貌していくかもしれない。そうなれば、アフリカはますます「債務の罠」と「資源の罠」の二重の「罠」に直面することになろう。このようなシナリオに対するアフリカ諸国の危機管理能力がどの程度備わっているのか。その能力のほどが、今後問われるであろう。

　ユーラシア大陸とアフリカ大陸との連結性と接続性は、間に位置する中近東諸国経済の成長と重なり合うかのように深まりを見せつつある。BRIの今後の展開を睨みつつ、日本はどのような戦略を打ち出すのか。中国と比較して経済国策と外交国策とのリンケージが見えにくいだけに、その方向性と力量のほどが問われよう。

【注】
1）　ココム（COCOM）は1949年11月に設立され、1994年3月に解散された。
2）　第二次世界大戦中に日本によって強制徴用された人々への補償問題が韓国の国内問題であるにもかかわらず、日本の輸出管理制度で輸出承認審査を優遇する輸出相手国のリスト（ホワイト・リスト）から韓国を除外する決定を2019年7月に行ったことから、日韓関係が悪化した。
3）　中国政府は2018年1月に発表した『中国の北極政策』のなかで、地球温暖化で氷がとけた北極で天然資源の開発や北極航路の利用を進める姿勢を表明した。『デジタル朝日新聞』2018年1月27日。

【推奨文献】

① Munoz, J. Mark ed.（2017）, *Advances in Geoeconomics*, Routledge.
② Wigell, Mikael, Sören Scholvin and Mika Aaltola eds.（2019）, *Geo-Economics and Power Politics in the 21ˢᵗ Century: The Revival of Economic Statecraft*, Routledge.
③ Baldwin, David A.（1985）, *Economic Statecraft*, Princeton University Press.

【引用・参考文献一覧】

・シバタナオキ・吉川欣也（2018）『テクノロジーの地政学―シリコンバレー vs 中国：新時代の覇者たち』日経 BP 社
・カーライル・セイヤー（2019）「ブレグジット後の英国は覇者として復活する」『ニューズ・ウイーク（日本語版）』2 月 9 日
・田上靖（2018）「米国国防権限法2019の概要」『CISTEC Journal』No.177、81-93頁
・田中道昭（2019）『GAFA × BATH―米中メガテックの競争戦略』日本経済新聞出版社
・森田靖郎（2018）『地経学で読む爆走中国』原書房
・山本武彦（1982）『経済制裁―深まる西側同盟の亀裂』（日経新書346）、日本経済新聞社
・山本武彦（1988）「東芝機械事件とココム体制強化」日米関係と総合安全保障研究会編『国際システム転換期における日米関係と総合安全保障』世界経済情報サービス
・山本武彦（2009）『安全保障政策』日本経済評論社
・山本武彦（2016）「エネルギー安全保障と"資源の呪い"―"資源の呪い"仮説の内容を吟味する」金沢工業大学国際学研究所編『安全保障と国際関係』内外出版、145-165頁
・山本武彦（2018）「地球を覆い尽くすガバナンス体系―ジオ・ガバナンスの複合構造からみて」グローバル・ガバナンス学会編『グローバ・ガバナンス学Ⅱ―主体・地域・新領域』法律文化社、240-259頁
・山本武彦（2019）「世界のチョーク・ポイントと海洋地戦略」金沢工業大学国際学研究所編『海洋と国際関係』内外出版、17-34頁
・李瑞雪（2018a）「中欧班列は国際基幹輸送モードになるか―貨物適合性の視点から」『グローバル・アジア・レヴュー』7 号、5-6 頁
・李瑞雪（2018ｂ）「シルクロード経済ベルトにおける中欧班列」一帯一路日本研究センター編『一帯一路からユーラシア新世紀の道』日本評論社、58頁
・王義桅（2017）『「一路一帯」詳説』川村明美訳、日本僑報社
・Arrighi, Giovanni and Lu Zhang（2011）, "Beyond the Washington Consensus: A New Bandung?" in Jon Shefner and Patricia Fernandez-Kelly eds., *Globalization and Beyond: New Examinations of Global Power and its Alternatives*, Penn. State University Press, pp.25–57.
・Beeson, Mark（2019）, "Geoeconomics with Chinese Characteristics: the BRI and China's Evolving Grand Strategy," *Economic and Political Studies*.（https://doi.org/10,1080/20954816.1498988）19.
・Beeson, Mark and Shaomin Xu（2019）, "China's Evolving Role in Global Governance:

The AIIB and the Limits of an Alternative International Order," in Ka Zen ed., *Handbook on International Political Economy of China*, Edward Elgar, pp.345-360.

・Blackwil, Robert D. l and Jennifer M. Harris (2016), *War by Other Means: Geo-economics and Statecraft*, The Balknap Press of Harvard University Press.

・Cannon, Brendon J. and Ash Rossiter (2018), "The "Indo-Pacific": Regional Dynamics in the 21st Century's New Geopolitical Center of Gravity," *Rising Powers Quarterly*, Vol. 3, Issue 2, August, pp. 7-17.

・Chauvet, Victor (2015), *Russia, China & the Arctic: Competition, & Geo-economics*, Lambert.

・Curran, Louise (2017), "EU Trade Policy after GFC: The Geoeconomics of Shifting EU Trade Policies Priorities," in J. Mark Munoz ed., *Advances of Geoeconomics*, Routledge, pp.132-140.

・Deese, David A. (1984), "The Vulnerability of Modern Nations: Economic Diplomacy in East-West Relations," in Miroslav Nincic and Peter Wallensteen eds., *Dilemmas of Economic Coercion: Sanctions in World Politics*, Praeger, pp.155-181.

・Diesen, Glenn (2019), *Russia's Geoeconomic Strategy for a Greater Eurasia*, Routledge, pp.64-80.

・Gaddis, John Lewis (2017), *On Grand Strategy*, Penguin Press. (ジョン・ルイス・ギャディス (2018)『大戦略論』村井章子訳、早川書房)

・Ganguly, Meenaksi (2019), "India Needs to Step Back in Kashmir," *Human Rights Watch*, August 12.

・Huiru, Li and Li Xiaohua (2018), "Joseph Nye: China, US not in 'Cold War' but cooperative rivalry," *China.Org.Cn*, January 11, pp.10-28. (Copyright: Project Syndicate, 2018), www.project-syndicate.org.

・Isakova, Irina (2005), *Russian Governance in the Twenty-First Century: Geo-strategy, Geopolitics and Governance*, Frank Cass, pp.84-89.

・Kennedy, Andrew B. and Darren J. Lim (2018), "The innovation Imperative: Technology and US-China Rivalry in the 21st Century," *International Affairs*, Vol.94, No. 3 May, p.553 ff.

・Khanna, Parag (2016), *Connectography: Mapping the Future of Global Civilization*, Random House, part 3, pp.151-171. (パラグ・カンナ (2017)『接続性の地政学―グローバリズムの先にある世界 (上)』尼丁千津子・木村高子訳、原書房、第 7 章)

・Luttwak, Edward N. (1998), "From Geopolitics to Geo-economics.; Logic of Conflict, Grammer of Commerce," *National Interest*, No.20, Summer, pp.17-23.

・Miller, Tom (2017), *China's Asian Dream: Empire Building Along the New Silk Road*, Zed Books, p. 43 ff.

・Muzalevsky, Roman (2015), *China's Rise and Reconfiguration of Central Asia's Geopolitics: A Case for U.S. "Pivot" to Eurasia*, Strategic Studies Institute and U.S. Army War College Press, p.30 ff.

・Rosenau, James N. ed. (1969), *Linkage Politics: Essays on the Convergence of National and International Systems*, Free Press.

・Sclweller, Randall L. and Xiaoyu Pu (2011), "After Unipolarity: China's Vision of International Order in .an Era of U.S. Decline," *International Security*, Vol.36, No. 1 Summer, pp.41–72.

・Scholvin, Sören and Mikael Wigell (2019), "Geo-economic Power Politics: An Introduction", in Mikael Wigell, Sören Scholvin and Mika Aaltola eds., *Geo-Economics and Power Politics in the 21st Century: The Revival of Economic Statecraft*, Routledge, p. 9.

・Schortgen, Francis (2017), "Geostrategic Economics in the 21st Century: China, Amerika and the Trans-Pacific Partnership," in J. Mark Munoz ed., *Advances in Geoeconomics*, Routledge, pp.123–131.

・Szabo, Stephen F. (2015), *Germany, Russia, and the Rise of Geoeconomics*, Bllomsbury.

・Tekin, Ali and Paul A. Williams (2011), *Geo-politics of the Euro-Asia Energy Nexus: The European Union, Russia and Turkey*, Palgrave Macmillan, pp.196–198.

第 **3** 章

北極海航路と資源通過
——民族問題と資源輸送

玉井　雅隆

【要　　約】

　近年、地球温暖化に伴い欧州とアジアを結ぶ最短経路として、また経済性や安全面でスエズ航路よりも優位にたちつつある経路として、北極海航路（NSR）が注目されてきつつある。現在北極審議会に正式メンバーとして北極海沿岸諸国の他、日本、韓国、中国やドイツなどもオブザーバー参加しているなど、アジアと欧州の両経済圏を結合させるものとして注目を浴びている。

　このように資源輸送路として注目を浴びている NSR であるが、一方でサーミ人やヤクート人などの先住民族の居住地でもある。特に NSR の大部分を占めるロシア沿岸では、様々なマイノリティが経済活動を営む地域である。NSR とともに資源輸送路としてロシアでもう1つ注目されているのが、チェチェン共和国である。チェチェン共和国は産油地であるカスピ海と積出港である黒海沿岸諸港、さらに欧州へのパイプラインの重要な経由地であり、独立運動はチェチェン紛争となり、ロシア軍によって鎮圧された。

　一方で同じ資源経由地である北極海沿岸では、そのような動きは見られない。これは一つには居住するマイノリティの歴史的問題の有無であり、もう1点としてはマイノリティの「人数」に起因するものである。さらには、輸送路自体が海上か陸路かの違いもあり、文化の破壊の懸念の有無も理由として考えることが可能である。

第1節　資源通過とマイノリティ

　地球温暖化の進展に伴い、以前と比較して北極海における海氷面の縮小が夏季を中心に顕著に見られるようになってきた。また2000年代に入り、北東アジア諸国の経済発展に伴って、北東アジア諸国と欧州・北アフリカ諸国を結ぶ最短経路として注目を浴びるようになってきた。20世紀初頭にはNSRが全通するようになるが、ソ連の成立に伴い外国船のNSRの利用が規制されるようになった。さらに冷戦の勃発に伴って北極海は冷戦の最前線、対立の海となったことから、NSRの利用はソ連船に限定されていた。しかしソ連崩壊後にはNSRは、冷戦構造の崩壊という外部要因と外貨の獲得という内部要因によって外国船にも開放されるようになった。2000年代に入ると、ロシア政府によるNSRの整備や、北東アジア諸国の経済発展に伴う資源輸送の必要性などから、NSRが積極的に注目されるようになってきた。

　NSRに関しては、日本においても経済産業省を中心に勉強会が行われており、また北極海沿岸諸国であるノルウェー、ロシア、アイスランド、カナダ、アメリカなどから構成される北極審議会にオブザーバー加盟をするなど、注目されつつある。国のみならず、地方自治体である北海道や青森県もNSRに注目している。北海道はその地理的位置関係から、もともとサハリンなど北方地域との交流にも積極的であり、サハリン州都であるユジノサハリンスクに連絡事務所を設置している。同様に、NSRに関しても北海道はその地理的優位性に着目し、積極的に関与する方向にある。北海道に所在する苫小牧港をNSRと北米航路の積替港として活用することで、北海道経済の振興を図ろうというものである。また民間からも、三井物産がNSR沿岸に存在するヤマル半島（ロシア連邦ヤマロ・ネネツ民族管区）において天然ガスの採掘およびNSRを経由した運搬を行うなど、実際に日本もNSRに関与を強める方向にある。

　北極海沿岸は同時に、ネネツ人、ヤクート人などのマイノリティが多数居住する地域でもある。NSRの開発ならびに発展は、同時に彼らマイノリティの権利と時として対立するものでもある。

　本章では、北西航路を中心としてNSRに注目し、マイノリティの権利と資

源輸送を中心とした経済開発の権利に関してどのように調整されているのか、という点に関して検討を行う。なお、北極海航路（北西航路）の定義に関しては、各研究者や機関によって様々であり、特に統一されていないが、多くの研究者や関係諸機関が採用する定義に基づき、北極海航路（北西航路）とは「ノバヤゼムリャ島からベーリング海峡に至る航路」とする[1]。

第2節　北極海航路と国際関係

ＮＳＲの成り立ち　日本の歴史上、北方ならびに北極海地域に関して歴史的に関心を示したのは17世紀の松前藩による江戸幕府への報告書である。この中で松前藩は「カムチャッカ」まで支配領域である旨の主張をしていた。しかし江戸幕府による海禁政策もあり、これ以上の進展は見られなかった。この事は日本のみならず中国（明王朝・清王朝）や朝鮮王朝も同様であり、17世紀に清とロシアの間で締結されたネルチンスク条約以降、清も北方を顧みることはなかった。北極海地域ならびに NSR に興味を示していたのは、以上のように東アジア諸国ではなく、欧州諸国であった。当初の目的としてはスペイン・ポルトガルに独占されていたアジア貿易、香辛料貿易への参入が目的であったが、後には北極海沿岸の毛皮の独占もその目的となっていた。特に欧州～アジア間の貿易体制が、明・清や江戸幕府、朝鮮政府の海禁政策によって欧州商人がアジアに渡来する形をとっていたために、欧州からの航路開拓となった。

　ロシア革命後、ソ連の欧州部とアジア部を直結する航路として NSR はソビエト政権によって重要視されるようになり、1932年には白海からベーリング海峡に至る航路を管轄する北極海航路局が設立された。しかし一方、帝政ロシア期には外国に開放されていた NSR は、北極海への外国船舶の領海航行の禁止もあり冷戦期にはほぼ顧みられることはなかった[2]。また、1953年には北極海航路局は、ソ連海軍省に編入された（Krypton 1956：35-36）。オホーツク海および北太平洋沿岸地域に関しては、日本領の北海道とソ連施政権下にある千島列島、サハリン島とカムチャッカ半島に当該空間が分裂し、冷戦の対立構造が顕在化している地域であったからである[3]。北極海には、核抑止理論における第二

撃手段として米ソ双方の戦略原子力潜水艦が配備されており、航路の商業利用に関しては困難であった。

　この様にソビエト政権成立後から冷戦期にかけて北極海は「対立の海」となっており、特に西側諸国にとっては接近することさえ困難であった。この状況はゴルバチョフ政権の登場による冷戦構造の変化によって、一変する。1986年にゴルバチョフは北極海開放宣言を行い、NSR を外国に開放する宣言を行った。当時のソビエト連邦は原油をはじめとする資源安や産業構造の改革の遅れなどによって外貨不足並びに経済不振に悩んでおり、外貨獲得の目的や、ソ連の技術では採掘が限界であったといわれるバクー油田の代替として北極海沿岸の資源開発などを目的としていた。

　1980年代当時には北極海の海氷は堅固なものであったが、1990年代に入ってから地球温暖化の進展に伴う北極海上の氷面積の減少により、特に夏季には NSR の商業利用の可能性が高まってきた。この状況を受け、ロシア政府の側でも NSR に関する法ならびに制度整備を行ってきた。1990年には総則となる「北極海航路（NSR）の海路の航行に関する規則」、1996年には水先案内に関する法である「NSR を通行する船舶の砕氷および水先案内に関する規則」、「NSR を航行する船舶の設計・設備・補給に関する規則」が整備されるなど、1990年代から法整備が行われてきた。2013年にはプーチン大統領の指示を受けてロシア政府内に担当部署が設置され、また必要な水先案内人の配備や航路利用時の届け出などの法整備に関しても上記のように整備され、現状ではほぼ整備が完了した状況である。[4]

┌─────────────┐
│ Ｎ Ｓ Ｒ の 現 状 │
└─────────────┘
NSR は季節性が強く、NSR 上の海氷が消滅する 6 月から11月にかけて利用され、8・9 月に利用が急増する。現状では NSR の積極的活用を行っているのは中国であり、日本において2012年から2015年の間に NSR を経由して輸入したのは 7 例にとどまる。2014年度は中国経済の減速およびスエズ経由の海上運賃の下落に伴い、カナダからノルウェーに向かう船舶のみが NSR を横断しているが、2013年度には日本、中国、韓国向けが各 3 隻であるのに対し、2015年度には中国向けが 2 隻、日本向けが 1 隻となっている。また、2015年度には、ヤマル半島の LNG 開発に関連して、プラント・モジュールがインドネシアからヤマル半島まで運搬されて

表3-1　2012年～2015年の輸送実績

年月	荷主	積出港	受入港	内容品
2012年12月	九州電力	ハンメルフェスト（ノルウェー）	北九州港	LNG
2013年8月	旭化成ケミカルズ 三菱化学	ロッテルダム（オランダ）	水島港	ナフサ
2013年9月	不明	ムルマンスク（ロシア）	京浜港 名古屋港 岩国港	石油製品
2013年10月	東京電力	ハンメルフェスト（ノルウェー）	富津港	LNG
2015年8月	三坂商事	ハフナルフィヨルズゥル（アイスランド）	大阪港	鯨肉
2015年9月	ヤマルLNG	バタン（インドネシア）	サベッタ港	プラント・モジュール
2015年9月	ヤマルLNG[6]	バタン（インドネシア）	サベッタ港	プラント・モジュール

出典：2014年5月30日および2016年2月3日開催、北極海航路に係る官民連携協議会での国土交通省総合政策局作成資料より筆者作成

おり、その途中補給地として横浜港に2隻入港している。また青森県によると、2015年7月から12月にかけてNSRを横断した船舶は、中国からスウェーデン、ドイツから韓国への航行であり、わが国のNSR横断が1件であるのに対して件数としては優勢となっている。[5]

　2019年現在、NSRの通年航行は可能ではなく、6月～11月の夏季のみ航行可能であり、かつ年によって航行可能日数は異なる。また、東シベリア海沿岸の水深が浅く、現状では船舶のサイズはパナマ運河航行可能サイズ（Panamax）以下の大きさの船舶が航行可能である。このような制約条件がある中での輸送であり、LNGや石油製品の運搬が主となっている。[7]

┌─────────────┐
│ Ｎ Ｓ Ｒ と　　│
│ ス エ ズ 航 路 │
└─────────────┘
欧州と北東アジア諸国を結ぶ輸送路としては、以下の4点を考えることができる。まず海路としては、喜望峰回り航路、スエズ回り航路およびNSRである。また、陸路経由としてはシベリア鉄道経由を挙げることができる。それぞれに関し、検討していく。

表3-2　欧州～北東アジア諸国間輸送ルート

	航路名	経由地	終点
航路	北極海航路	北極海	
	スエズ回り航路	紅海、マラッカ海峡	
	喜望峰回り航路	喜望峰、マラッカ海峡、ロンボック海峡	
鉄道	シベリア鉄道	ロシア・カザフスタン	ウラジオストク
	チャイナ・ランドブリッジ	ロシア・カザフスタン・中国	連雲港

出典：筆者作成

　欧州と北東アジア諸国を結ぶ海路のうち、最大の輸送量を担う航路はスエズ回り航路である。喜望峰回り航路は、スエズ運河を通行することが不可能であるサイズの船舶が利用する。[8] スエズ航路と比較した場合における NSR の最大の利点としては、日数の短縮である。ユーロポート（オランダ・ロッテルダム市）から横浜港まで同一の速度で航行した場合を比較すると、スエズ回りと比較して、距離はスエズ航路の2万km に対して NSR は1万3000kmとなり2/3になる。また日程はスエズ航路の40日に対して NSR では30日となり3/4に短縮されている。航路の短縮によって、アボイダブル・コストである燃料コストの圧縮も可能となる。この点に関しては日本のみならず北東アジア諸国も同様であり、距離の面のみを考慮した場合、NSR とスエズ航路の等距離点はシンガポールである。

　また NSR のもう1つの利点としては、輸送の安全性に関する面である。スエズ回り航路の場合、スエズ運河から紅海、アラビア海、インド洋、マラッカ海峡を経由して日本に到達することになるが、この場合には紅海の出口となる地域のアラビア半島側にはイエメン、アフリカ側にはソマリアという破たん国家が位置していることが大きな問題となる。ソマリアには強い統制力を有した中央政府が存在しておらず、その為に元漁民が海賊となって航路の安全を脅かしている。またイエメンには中央政府は存在しているが、現在フーシ派とイエメン中央政府が内戦を行っており、政府の統制力が地方に及んでいない状況であることはソマリアと同様であるといえる。この他、近年では減少傾向にはあるがマラッカ海峡の海賊問題なども存在しており、日本の船舶もしばしば襲撃

を受けている。一方でNSRの場合、関係する沿岸国はノルウェー、ロシアなどであり、また特にバレンツ海～カムチャツカ半島にかけては人の居住も少なく、そのような問題は生じない。

　また、鉄路との比較に関して検討すると、現状では運搬する物品の経済優位性による選択が行われていると考えることができる。NSRによる輸送としては、バラ積み輸送が可能である原油、石炭、液化天然ガスなどであり、シベリア鉄道経由の輸送路としては自動車などの機械製品などの輸送となる。特に自動車産業では、ロシア政府が国内の自動車産業育成を図るために中古車の輸入規制などを行っており、ロシアに進出した自動車産業の組み立て工場に向けて日本や韓国の自動車メーカーが部品をウラジオストクからロシア内陸の工場に向けてシベリア鉄道経由で輸送を行っている（北海道庁建設部空港港湾局物流港湾課 2015：18）。

　一方でNSR経由の輸送物品としては、欧州からアジアに向けては液化天然ガス、鉄鉱石、石炭、海産物であり、アジアから欧州に向けて輸送されるのは航空燃料、石炭、海産物となり、いずれもばら積み可能物品である。自動車工場が集中するサンクト・ペテルブルク市へは、スエズ回り航路にてサンクト・ペテルブルク港まで運搬しているが、サンクト・ペテルブルク港が飽和状態にあることもあり、輸送量を拡大することは困難になりつつある。NSRとシベリア鉄道は直接的には競合関係にあるとは言い難い状況ではあるが、以上の条件により、NSRの利用拡大を行うことでシベリア鉄道ルートの補完を行うことが可能である。[9]

北 極 審 議 会　同一の極地である北極と南極の相違点は、地球科学的には大陸が存在しているか否か、という点であり、国際法的にも大きな問題となる。南極にはイギリス、ノルウェー、ニュージーランドなど7カ国が領有権の主張をしている以外には基本的には南極条約の下、「人類共通の財産」として国際共同管理に関する合意形成がなされている。一方で北極海は国際海洋法が適用され、沿岸5カ国（ロシア、ノルウェー、カナダ、アメリカ、デンマーク（グリーンランド））が領域権原を有しており、それら諸国の管轄下に入ることとなる点が、南極との大きな法的相違点となる。[10]また、南極が南極条約体制下で非軍事化されているのに対し、北極は北極海盆に米露双

方の戦略原子力潜水艦が配備されているなど、国際政治における大きな軍事的役割を果たしており、現時点では国際政治学者オラン・ヤングが指摘するように、南極と同様の人類共通の財産としての共同管理体制をとることは困難である（Young 2015：20-21）。

　沿岸5カ国は北極海沿岸諸国とも呼ばれ、これら諸国と北極海の附属海若しくは隣接海と密接な関係を有するスウェーデン、アイスランド、フィンランドを加えた8カ国は北極圏諸国と呼ばれ、北極審議会の原加盟国である。近年ではNSRの欧州側の出発地であるフランス、ドイツ、ポーランド、スペイン、オランダ、イギリスの他、アジア側の受入地である中国、韓国、日本がオブザーバー・ステータスを獲得し、関連する会議に出席する権利を得ている[11]。

第3節　北極海航路における「資源」

　NSRに関しては、大きく分けると航路そのものの経済性と、北極海沿岸地域における資源開発の両面が存在している。特に後者はソ連時代から、西シベリア北部のティマン・ペチョラ油田・炭田として開発が始まっており、共産主義体制崩壊後には西側諸国の技術導入による資源開発が行われている。このような北極海沿岸地域での資源開発はロシアの西シベリア・バレンツ海地域のみならず、アラスカ北部に所在するノースローブ油田やカナダ、グリーンランドでも始まっている。

　これらの資源開発が進む地域やNSR沿岸には、カナダ、アラスカや東シベリアを中心にしてイヌイット（エスキモー）や東シベリア地域を中心としたチュクチ人、サハ人などのいわゆる「先住民族」が居住している。ラップランド大学北極圏研究所の発行する「北極圏人間開発報告」によると、8カ国に約400万人が居住している[12]。それら諸国のうち、カナダでは多文化主義政策を背景に、ヌナヴト準州が1999年に設立されている[13]。また、ロシア側ではソ連時代よりサハ共和国やチュクチ民族管区などの民族ごとの自治体が設置され、民族マイノリティの文化的アイデンティティの保護などが行われてきた。

　このように、カナダやロシアではマイノリティの権利保護に対して他の国と比較して積極的姿勢を示している。またグリーンランドもその豊富な資源や地

球温暖化に伴う資源開発の可能性によって経済的自立が可能になるとの予測もあり、現在ではデンマークと同君連合となっている。[14]

　一般的には NSR 沿岸地域ではマイノリティの権利は比較的保証され、かつ経済的収益に対する配分を巡って争いが生じることも少ない。チェチェン紛争がチェチェン共和国がカスピ海と黒海を結ぶパイプラインの要所であったこと、かつチェチェン共和国自体が産油地域でもあったことなども要因の1つとしてあげられることが多いことを考えると、同じ資源輸送地域であり、その地域自身も資源を算出する地域であるにもかかわらず、紛争が現状生じていない。次節では、その理由に関して検討を行う。

第4節　民族問題と資源通過

　なぜ NSR 沿岸では、同じようにマイノリティが居住するにもかかわらずチェチェン共和国などと異なって紛争が発生しないのか、という点に関して次に分析を行う。

　第二次世界大戦以降から現在に至るまで、数多くのマイノリティをめぐる紛争が生じている。武力紛争に至らない「運動」というべきものから、武力衝突に至るまで、数多くの「紛争」が生じているが、資源通過の観点からマイノリティをめぐる紛争を分類すると以下のようになる。

　表3-3は主要な紛争について資源通過の観点から分類したものであるが、資源通過と民族紛争が直接的にリンクすることは多くはない。資源自体の配分に関連した紛争は、コンゴ（旧ザイール）における紛争やパプア・ニューギニアにおけるブーゲンビル革命軍とパプア・ニューギニア政府の紛争などが存在しているが、いずれも資源の配分をその焦点としており、資源通過自体ではない。

　その中でも本稿と関連するのは、同じロシア連邦構成共和国であるチェチェン共和国における紛争である。NSR 沿岸地域と同じ資源通過問題が生じるにもかかわらず、なぜチェチェンでは運動から武力衝突に至り、北極海沿岸地域にはその問題が生じないのか、という点に関して以下に2点の要因を挙げて検討していく。

表 3-3　マイノリティをめぐる紛争に関する諸類型

	武力衝突せず（運動）	武力衝突
国内問題	■資源通過 ・ロシア（チェチェン） （1992年～1994年）	■資源通過 ・ナイジェリア（ビアフラ内戦） （1967年～1970年） ・スーダン（南スーダン） （1983年～2005年） ・ロシア（チェチェン） （1994年～2009年）
	■その他の要因 ・ソ連（バルト3国） （1989年～1991年）	■その他の要因 ・ソ連（ナゴルノ・カラバフ） （1988年～1991年） ・ユーゴスラヴィア（コソヴォ） （1998年～1999年）
国際的問題	■資源通過　該当なし	■資源通過 ・グルジア―ロシア（アブハジア） （1992年～現在）
	■その他の要因 ・ウクライナ（クリミア） （1992年～1998年） ・北マケドニア―ギリシア （1992年～現在）	■その他の要因 ・アゼルバイジャン―アルメニア（ナゴルノ・カラバフ） （1992年～現在） ・トルコ・北キプロス―ギリシア・キプロス （1974年～現在） ・ボスニア内戦 （1992年～1995年） ・ウクライナ（東部三州） （2014年～現在）

マイノリティの「歴史」の相違　チェチェンがロシア帝国に征服されたのは、19世紀であった。その後ロシア革命を経た1921年には、北カフカス地域は山岳自治ソビエト社会主義共和国として編成され、翌年にはチェチェン自治共和国が分離独立することになった。このように民族自治が形の上では保障されたことになるが、連邦政府が集団化を進めた際に様々な抵抗が見られた。第二次世界大戦時にドイツ軍に対し協力体制を構築した容疑で、スターリンはチェチェン人への罰則として自治共和国を廃止すると同時に、チェチェン人をカザフスタン、ウズベキスタンを中心とした中央アジア地域へ追放した。また自治共和国も廃止し、ロシア共和国内の1州となった（Dunlop

1998：59-74)。後にスターリン死後、チェチェン人は1957年にフルシチョフ第
一書記によって帰還を許され、チェチェン・イングーシ自治共和国の再建も許
されたが、この事はのちのチェチェン紛争に大きな影響を与えた。この他の表
3-3にある地域においても同様に、いずれもマイノリティ集団は中央政府や
マジョリティを占める民族に対して、何らかの歴史的な因縁を有していた。

　しかし一方で北極海沿岸諸民族に対しては、ロシア帝国の民族政策を反面教
師として民族関係に関してはその法的な地位を認める政策を行ったために、ヤ
クート自治ソビエト社会主義共和国などの民族自治共和国、タイミル自治管区[15]
やヤマロ・ネネツ自治管区などの民族自治管区を設置している。この他にも[16]
1936年憲法（スターリン憲法）で構成共和国は「（外的）自決権」を有しており（第
17条）、また構成共和国境界の修正に関しても、共和国の同意がなければ変更
されないこととなっていた。これらの自治共和国、民族管区におけるタイトル
民族の割合は、1930年代以降のスラヴ系民族政治犯の大量流刑などにより概ね
10％以下で推移しており、ある種の優遇措置であったということが可能であ
る。

　この様に、中央政府や当該国家におけるマジョリティ民族との関係性は、資
源輸送に関する合意形成に影響を与えていると指摘することができる。

マイノリティの
「密度」の相違
次に、そのマイノリティの「密度」に関して検討を行っ
ていく。チェチェン共和国の人口が約100万人であ
り、かつチェチェン人はカフカス地域に集住している。これに対し、ヤクート
人は約60万人に過ぎず、サハ共和国のほかクラスノヤルスク地方やチュクチ地
方など、北極圏域に広く分布している。

　マイノリティの集住は、しばしば民族紛争の引き金になりうる。この点に関
してはビアフラ紛争におけるイボ民族や、ユーゴスラヴィア紛争におけるアル
バニア人、セルビア人やクロアチア人などを例としてあげることができる。換
言する紛争勃発におけるプル要因として、民族の集住の度合いは重要な要素で
あるといえる。本論考に即して検討を行うと、北極海沿岸地域はマイノリティ
人口が少なく、人口密度も希薄である点が大きな要素である。一方でチェチェ
ンや表3-3の諸地域では、マイノリティ人口も多く、かつ人口密度も比例し
て大きなものとなっている。

資源輸送ルートが北極海沿岸地域では海上であり、かつマイノリティにとって海洋は漁労などの生活を行う場ではない。一方でチェチェンを含めた他の地域では、輸送ルート自体が生活圏と重なるものである。したがって、時にはマイノリティの生活様式の侵害や破壊をもたらすものであるといえる。

第5節　今後の展望

資源輸送とマイノリティの関係について、NSRを例に取り上げて検討を行った。紙幅の関係から取り上げることができなかったが、北極海沿岸地域の環境は脆弱であり、NSRにおいてタンカーの石油流出など何らかの事故が発生した場合、環境に与える影響は甚大なものになると予想される。また経済開発に伴う人の流入は、これまでも少数のマイノリティの居住でバランスを保っていた北極海沿岸地域に大きな影響を与えるとともに、マイノリティへの影響も避けて通ることはできないものと思われる。したがって、現状NSRが北極海沿岸のマイノリティに与える影響は現状では比較的に少ないものの、今後は国連の『先住民族の権利に関する国際連合宣言』などの先住民族の権利保護に関する国際的な枠組を鑑みた上で、先住民族に対する何らかの措置を講ずる必要性があると思われる。

【注】
1）　ロシア政府北極海航路局の定義では、北極海航路とは「ノバヤゼムリャ島からウランゲリ島までの航路」である。
2）　一方で日本～欧州を結ぶ航空路線に関しては、ソ連が領空開放を行っていなかったために、アラスカ・アンカレジから北極上空経由で欧州へ向かう大圏コースを経由していた。
3）　1982年に発生した大韓航空機撃墜事件は、カムチャツカ半島沿いに南下するルートを取った大韓航空機をソ連防空軍機が撃墜した事件であり、当該航空機がとったルートは、現行の北極海航路とほぼ一致する。
4）　なお、ロシアの規制は、一定の要件をみたす船舶のみ航行を許可する形式となる。西元（2013）33-34頁。
5）　2015年12月14日青森県県庁県土整備部プレスリリース。
6）　補給のため横浜港に寄航。
7）　2015年に鯨肉を輸入しているが、これはスエズ回りの場合、シーシェパードなどの襲

撃の可能性があったことも NSR を選択した理由の1つとなっている。

8） 他には、1990年代から実施されたイギリスおよびフランスに委託した再処理済み核燃料を日本に運搬するのに際し、領海航行の許可が下りなかったため、喜望峰回りルートを経由して日本まで運搬された事例がある。

9） ただし、自動車部品に関しては諸般の事情により日本メーカーはスエズ回り航路を取り、シベリア鉄道経由で輸送を行っているのは列車ごとの貸切を行っている現代自動車のみである。なお、列車ごとの貸切輸送に関しては、日本でも佐川急便が JR 貨物と提携して専用貨物電車（M250系）を走らせており、自動車部品でもトヨタ自動車が「TOYOTA Longpass Express」として貨物列車を走らせている。

10） ただし、アメリカ合衆国は国連海洋法条約に加盟していない。

11） 北極審議会は安全保障および軍事関係の諸問題に関しては取り扱わない。

12） Nordic Council of Ministers（2014）.

13） ファースト・ネイションであるイヌイットの土地所有権問題解決のために、1993年にヌナヴト協定がカナダ政府とイヌイットの間で締結され、1999年にカナダ全土の1／5の広さを有する準州となった。

14） デンマークとグリーンランドの関係に関しては、高橋（2013）参照。

15） 1990年にはヤクート・サハ共和国、1992年にサハ共和国に改名。

16） ドルガン・ネネツ自治管区ともいわれるが、2007年にロシアの地方行政改革に伴い、クラスノヤルスク地方に吸収された。

【推奨文献】

①塩川伸明（2007）『ロシアの連邦制と民族問題（多民族国家ソ連の興亡Ⅲ）』岩波書店
②シップ・アンド・オーシャン財団（2000）『北極海航路　東アジアとヨーロッパを結ぶ最短の海の道』
③日本国際問題研究所（2013）『北極のガバナンスと日本の外交戦略』

【引用・参考文献一覧】

・奥脇直也・城山英明編著（2013）『北極海のガバナンス』東信堂
・西元宏治（2013）「北極海をめぐる国際法上の諸問題」奥脇直也・城山英明編著『北極海のガバナンス』東信堂、19-49頁
・高橋美野梨（2013）『自己決定権をめぐる政治学—デンマーク領グリーンランドにおける「対外的自治」』明石書店
・北海道庁建設部空港港湾局物流港湾課（2015）『北極海航路可能性調査事業委託業務　報告書』
・Dunlop, John B.（1998）, *Russia confronts Chechnya: Roots of a Separatist Conflict*, Cambridge University Press.
・Krypton, Constantine（1956）, *The Northern Sea Route and the economy of the Soviet North*, Methuen.
・Nordic Council of Ministers（2014）, *Arctic Human Development Report,*: Rosendahls-

Schultz Grafisk.

・Young, Oran R. (2015), "Adaptive Governance for a Changing Arctic," in Kevin Lunde, Yang Jian, and Iselin Stensdal eds., *Asian Countries and the Arctic Future*, World Scientific Pub Co Inc, pp.15–33.

第4章

国家戦略と水資源
—— 19世紀アメリカにおける河川の軍事資源化

玉井　良尚

【要　約】

　近年、水資源管理に関する国際法が展開されている。国際水路非航行利用条約の発効などがその例であるものの、それでも、水資源をめぐって国家の主権性は尚強く、そこに国家戦略が反映されやすい。

　それでは、国家が水資源管理を強化しようとする戦略行動はいかなる状況の下で生み出されるのか。その分析事例として、19世紀アメリカで行われた内陸水路開発の議論を取り上げる。その事例分析から見られるのは、国家の安全保障上の脅威に対抗するための手段として展開される河川政策および戦略であり、まさに河川政策の軍事安全保障に基づく従属変数化である。

　この事例を踏まえて、資源地政学としての水資源の位相と将来的な展望を考察した場合、国家にとっての水資源戦略は、自国と隣国との水資源配分や協働性といった水そのものを対象とするよりも、水資源（開発）を用いて他の高次の戦略資源や政治的利得を獲得するといった交換ないしは取引がより重要となっていくであろう。

第1節 「水」への国家の呪縛

　近年、経済手段を重視する「地経学」が活発に議論されている。直近では、"*War by Other Means*" を著したブラックウィルとハリスなどが地経学の論者として有名である。ブラックウィルとハリスは、地経学に関して「国益の増進

と保護のために、そして自国に有利な地政学的成果を得るために経済手段を用いること」と定義している（Blackwill and Harris 2016）。そして彼らは、アメリカが近年、この地経学的アプローチを忘れ、地政学的軍事的アプローチを選択する傾向にあり、それとは対照的に、今日、中国は地経学的アプローチを積極的に展開し、それによってアメリカの世界秩序に挑戦していると現在の国際政治の有り様を批評する。この地経学的アプローチには、水もその範疇に入っている。

　近年の中国および中国企業は、積極的に国外で現地行政を巻き込んだ形で、水資源開発、とりわけ上水道インフラやダムの開発・管理といった水ビジネスを展開し、これら水をめぐる対外的な開発投資を中国の外交的武器としている。また、中国の影響が大きいアジアインフラ投資銀行もアジア・アフリカ地域の水インフラ開発案件に積極的である¹⁾（AIIB ウェブサイト）。そもそも中国は、水資源開発をどのように行うか決定する権利を国家が独占するとともに、基本的に自国の水資源に関して隣国との共同管理といったことを嫌う。つまり、中国は、水の開発主権を声高に主張する。くわえて、中国国内の水関連プロジェクトは、国内の水・電力ニーズと、国内水資源の賦存場所によって決定され推進される（Economy and Levi 2014）。本来、中国の水政策は周辺国に対して非協調的なのである。したがって中国は、自国の水資源とその開発主権を保護しつつ、海外における水インフラ開発投資を進め、そのマネジメント支配を狙うという二面性を有する。だが、このような水資源に関する二面性は、中国など地経学的アプローチを展開する国家だけの事象と見てよいのだろうか。

　そもそも水は、あらゆる生物の生命活動にとって必須の核心的資源である。それゆえに人々は、古来より水をめぐって争ってきた。それは、rival（競争相手）の語源が、「river（河川）の競争者」に由来することからも明らかである。そして、顕在的ないしは潜在的な水をめぐる争いは、現在も世界各地で続いており（ヘザー他 2003）、国家も当然、その争いに関与し、より多くの水資源を確保しようと試みている。

　現在、イスラエルとその周辺諸国による中東問題は、宗教やエスニシティ、そして軍拡や内戦など多くの要素が入り組んでいるが、その問題の根源はヨルダン川水系およびその水源地であるゴラン高原をめぐる水紛争といわれる。

1979年、当時のエジプト大統領のサダトは、「エジプトを戦争に駆り立てる唯一のものは水である」と述べ、1987年には、当時、外務担当国務大臣代行であり、後年、第6代国連事務総長となるブトロス＝ガリが、今後、「中東では水をめぐって戦争が起きるだろう」と述べている（塚谷1997）。中東と比較して水が豊富な日本においても、近年、外国人による国内水源地の買収問題がクローズアップされるなか、2014年には、水行政の統合的運用を企図した「水循環基本法」が国会で成立した。そして先述の通り、中国の水政策は、国内と国外で二面性をもって展開している。したがって、国家は水を支配するパワーを手放さない、むしろそれをより強化しようと試みる。それはまさに、国家の「水」への呪縛ともいえるが、それではその「呪縛」の原因とは何なのであろうか。

　本章では、この水をめぐる「呪縛」の要因を19世紀アメリカの河川政策から考察する。19世紀アメリカは、当時の覇権国イギリスの脅威を受けて、自国河川を軍事輸送路の役割も担う内陸水路として整備することで、国土および国家防衛の強靱化を図った。すなわち、かつてアメリカは、河川を国防資源とする地政学的安全保障政策を志向したのである。このアメリカの河川に対する安全保障の観点による見方を通して、国家の「水」への呪縛とそれが資源地政学として国家戦略にどのような影響を与えているか考察する。

第2節　水紛争における国家のパワー

　アメリカの水、特に河川に関する歴史的文脈に基づく地政学的なアプローチによる分析に入る前に、本節では、今日の水紛争をめぐる国際政治の動向について概観する。

　　　　　　　　　　　　　様々な政治アクター間の水紛争のなかで、国家間水紛
　水紛争と国際法　　　　争は危険である。それは、国際社会のアナーキーや主
権国家の平等性に基づく制度的な力の欠如と、軍事力の合法的保有者としての国家の位置付け等の理由による。したがって、国家間水紛争が、資源性や経済性、環境、そして国家安全保障という広い領域に影響を及ぼすがゆえに、国際社会は、国家間水紛争リスクを逓減させる様々な努力を行ってきた。その逓減

策として第1に挙げられるのは、国際法である。現代の国際社会は、この国際法の展開、すなわち国家間条約や協定によって水紛争を管理しようと試みている。

　例えば、世界でも有名な水紛争として、マレーシアとシンガポール間での紛争がある。現在も、マレーシアからシンガポールへ向けて大量の水が供給されているが、これまで歴史的に、両国間でエスニシティ問題に基づく対立が激化するたびに水紛争も激化した。この水紛争激化の構図は、マレー人対華人というエスニシティ対立が水資源を収奪されているとのマレーシア側の不満を増幅させるとともに、マレーシア側が水供給停止の「示唆」をシンガポールに対する外交の切り札として扱ってきたというものである（Lee 1998）。だが、このような対立のなかでもマレーシアからシンガポールへの水供給が実際停止しないのは、水供給を規定した水協定が両国間で締結されているからである（協定締結主体は、シンガポール公益事業庁（PUB）とマレーシアのジョホール州政府）。水協定は、当該協定で規定されている水価格を改定することによってマレーシア側の不満を鎮める形を取りながら、両国間の水紛争が実際的な水供給停止に至るのを防いできた。したがって、この紛争事例は、条約や協定には国家間関係を破局的段階へ至るのを抑止する力があることを示しているといえよう。

　また多国間の枠組みでも、1997年、国連総会において、「国際水路の非航行的利用に関する条約」（以下、国際水路非航行利用条約）が採択され、2014年に発効した。当該条約は、その対象たる国際水路を、国際河川だけでなく、湖沼や地下水など水資源全般を含んだものと定義し、その包括的な規律の下で、水資源に対する万国の衡平利用と、開発による他国への損害防止を原則として求めている。

　しかし、中国やトルコなど上流国として国際河川を抱える国は、国際水路非航行利用条約で規定されている損害防止原則が下流国へ開発拒否権を与えかねないとして、当該条約の運用・適用に消極的である。他方、エジプトなど国際河川の下流国には、衡平利用原則が上流国独自の水源開発に対してある種のお墨付きを与えかねないとの危惧がある（鳥谷部 2015）。実際に、1997年の国連総会での国際水路非航行利用条約の採択時に、中国、トルコ、そしてブルンジの国際河川を有する上流3カ国、なかでも中国とトルコという地域大国が反対

票を投じたことは、当該条約の実効性に不安を抱かせた。くわえて当該条約が35カ国の批准（あるいは受諾、承認、加盟）を発効要件とするなか、採択時には103カ国の賛成があったにもかかわらず、発効のための35カ国の批准を集めるのに17年の歳月をかけた事実は、当該条約の展開が水資源開発という自国の主権を侵害しかねないとの認識を多くの国家が共有している証左でもある。また、国際水路非航行利用条約が求める水資源に対する衡平利用および損害防止の原則の解釈は、まだ一定の見解の統一がなされておらず、実際の紛争解決への適用は依然難しい（波多野 2012）。

このように国家アクターが関与する水紛争に対して国際法や国家間条約の制度的な力は有効であるものの、最終的にそれをどこまで受容し適用するかは、主権国家の意思や戦略的判断に左右される。その意味でも、国家が水紛争へ与える影響は依然として強い。

┌─────────────┐
│ 国家主権と水利権 │　　水をめぐる国際関係において国家戦略が与える影響が
└─────────────┘　　依然として大きいのであれば、国家に付与されている
水利開発に対する権利とはいかなるものなのであろうか。ここでは、国家の水資源開発に関する権利についていくつかの説を紹介する。

まずは、国家の開発主権を大いに認め、国家は領土内における水源開発を自由に行えるという「絶対的領域主権説」がある。この説は「ハーモン・ドクトリン」とも呼ばれ、19世紀後半にリオ・グランデ川の水利をめぐってメキシコと対立していた当時アメリカの司法長官であったハーモンが、当該河川の開発に関して自国主権の絶対性を主張したことに由来する。この説に従えば、河川や地下水など水資源の賦存範囲を領土として相対的に多く占める国家がより優位な水量を確保できるがゆえに、水源地や河川上流源の占有者の論理ともいえる。逆に、絶対的主権領域説の対極に位置する説が、「領土保全説」である。この説は、上流国は下流国の質・量とも十分な水供給を受ける権利を妨げてはならないとの考えをとっており、国際河川における下流国に支持されやすい説である。そして、先の2つの説の折衷といえるものとして「限定的領域主権説」があり、この説では、国家の領土内の水源開発に関する主権を認めながらも、その開発には下流域国に配慮し制限されるという考えにある。さらに、「水の共同体管理」との考え方もあり、これは河川流域国が協力して水源の利用と管

理を行っていくという極めて理想主義的な概念である（井上 2005）。

　このように水資源開発権をめぐって様々な考え方があるが、国家は自国に
とって最大限有利となる説を採用するというのが現実である。それゆえに、水
資源開発には、国家のパワーに依存した現実主義的対応がまかり通る余地が依
然多く残されている。そしてその余地こそが、国家による水をめぐる地政学ア
プローチが展開されうる空間なのである。

第3節　アメリカの「水」に対する地政学的アプローチ

河川と陸軍工兵隊　　アメリカ本土には、国土を南北に貫くミシシッピ川を
はじめとして、イリノイ川、オハイオ川、テネシー
川、ミズーリ川、アーカンソー川、そしてレッド川といったメキシコ湾を出口
とし、国土を扇状に張りめぐるように流れる複数の大河が流れる（図4-1を参
照）。さらには、巨大な五大湖がアメリカ北部の内陸に位置する。このように
国土を縦横に走る大河および巨大湖は、自然の交通インフラ、すなわち「路」

図4-1　アメリカ国土を流れる巨大河川

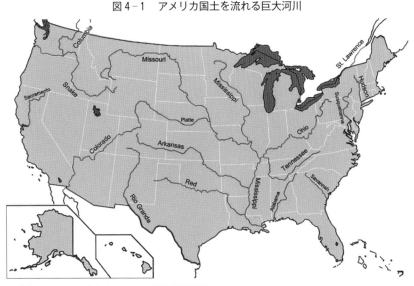

出典：https://etc.usf.edu/maps/pages/7700/7712/7712.htm

と見なすことが可能である。実際、鉄道や道路が発展段階以前の19世紀アメリカでは、河川舟運は重要な交通手段と見なされていた。

　その舟運交通の「路」たるアメリカの河川管理を探ると、連邦政府の河川管理機関の1つに、アメリカ陸軍工兵隊（USACE）がある。陸軍工兵隊による河川開発への関与の始まりは、1824年の「一般調査法」に遡り、現在も、ミシシッピ川をはじめとするアメリカ内の航行可能河川の管理を担っている（Cech 2005）。つまりは、軍隊が河川を管理するという点に、アメリカの「水」を管理するという呪縛の本質が垣間見える。本節では、その管理が始まるまでの歴史的過程を概観することで、水を管理しようとする国家意思の深淵を探る手がかりとする。

19世紀アメリカの地政学的環境変化

19世紀アメリカにおいて河川交通の重要性が増した要因としては、同世紀初頭に集中して起きた技術的要素、地理的要素、そして安全保障的要素のそれぞれにおける変化がある。

　まず、技術的要素としては、フルトン蒸気船の登場がある。フルトン蒸気船の登場は、河川の遡上航行をこれまで以上に容易にさせ、舟運の自由度を格段に高めることにつながった（Kotar and Gessler 2009）。

　次に地理的要素であるが、これは政治的要素の結果ともいえる。アメリカは、1795年にスペインとの間でのピンクニー条約を締結した。当時スペインはミシシッピ川河口にあるニューオーリンズを領有していたため、アメリカ船がミシシッピ川を航行し、メキシコ湾へ出るためには、スペインの許可を得る必要があった。ピンクニー条約が締結されたことによって、アメリカはこのミシシッピ川航行権を得たのである。そしてさらに重要なのが、1803年のアメリカによるルイジアナ買収である。ミシシッピ川とロッキー山脈の間にある当時のルイジアナはフランスによって支配されていたが、アメリカはこのルイジアナをフランスから1500万ドルという破格の値段で買い取ったのである。この買収によって、アメリカ領土はそれまでの2倍に拡大したが（図4-2を参照）、「水」の地政学を考える場合、特に重要なのは、アメリカがミシシッピ川水系全域を領土として取り込み、内水化したことにある。いわばアメリカは、アメリカ中西部地域のコネクティビリティ（接続性）の鍵となる「路」、すなわち舟運のハイウェイを手に入れたのである。

このルイジアナ獲得は、アメリカが軍事力を使わず、当時のイギリスとフランスの対立の激化という欧州情勢を巧みに利用して成し得たことであるが、当該地域の獲得は、結果としてその後、新たなる安全保障上の課題をアメリカに突き付けた。それは、東海岸からより遠方のアメリカ中西部地域の開発と防衛である。この時代、北米大陸においてアメリカの潜在的な脅威が複数存在した。その脅威とは、カナダを植民地としていたイギリスや、メキシコやキューバを支配するスペイン、そしてアメリカに抵抗していた先住民族諸部族である。これら安全保障上の脅威に対抗する上で、軍事輸送路としての河川整備がアメリカにとって重要な課題となったのである。

　1808年、ジェファーソン政権における財務長官ギャラティンは、連邦政府助成による国道建設と内陸水路開発について同意を求める内容の報告書を連邦議会に提出した。連邦政府は、この報告書のなかで「戦時に運河は軍事物資や兵員の輸送手段として極めて価値がある」とし、運河をはじめとする水路を軍事輸送路として整備することに意欲を示した（Report of the Secretary of the Treasury; on the Subject of Public Roads and Canals, 1808）。だが連邦議会は、連邦政府主導

図 4 - 2　1803年ルイジアナ買収時のアメリカ

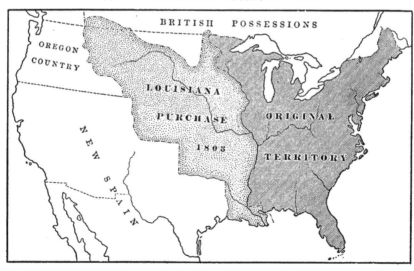

出典：https://etc.usf.edu/maps/pages/7700/7712/7712.htm

の水路開発に反対した。連邦議会が反対した理由は、連邦政府が水路開発に関与することによって生じる連邦政府権力の強大化と、膨大な開発予算とその為の増税、そしてその水路利用で生じる州間経済格差という諸々の懸念からであった。すなわち、当時のアメリカ政府と議会の間では、内陸水路開発が国益とする見方とそうでないとする見方で揺れていたのである。

水路開発における
米 英 戦 争 の 意 義

内陸水路開発をめぐって揺れていた当時のアメリカ政治において、水路が軍事ファクターとして重要であるとの認識を深めたのは、1812年に勃発した米英戦争であった。

　歴史的にアメリカは、米英戦争に勝利したと主張するが、実際のところ、当初アメリカが戦争目標としていたカナダ領の獲得は果たせなかった。アメリカがこの目標を達成できなかった最大の要因は、アメリカ軍の貧弱な補給体制にあった。米英戦争は、五大湖方面と東海岸方面、そしてニューオーリンズを中心とした南部方面という3カ所の戦域で主に戦われた。なかでも、五大湖方面のアメリカ軍は、補給の不安と物資の困窮から、カナダに駐留するイギリス軍を攻め切ることができなかった。例えば1813年、アメリカ軍は、二方向からのモントリオール攻略作戦を実行したものの、貧弱な補給体制のために部隊間の進軍歩調を合わせられず失敗に終わっている（Hickey 2013）。このようにアメリカ軍は、五大湖方面で決定的な勝利を収めることができず、カナダ領を獲得できないまま、1815年に戦争終結となった。

　さらに当該戦争時、アメリカ東海岸方面において、イギリス海軍による海上封鎖が実施された。東海岸都市部の生活用品・食料は、この海上封鎖による物流の混乱から、品不足となって価格が上昇し、都市部市民の生活は苦境に陥った（Shaw 1990）。このように米英戦争は、アメリカ政治社会全体に内陸交通網、すなわち河川や運河など水路を整備する必要性を広く認識させるに至った。それは戦後、連邦議会において道路や運河・河川といった内陸交通網の開発が活発に議論されるようになったことからも明らかである。その議論の中心人物として、カルフーンが有名であるが、1816年に彼は、アメリカを「完全な道路と運河のシステムで結ぼう」と議会で演説し、内陸水路開発の必要性を訴えた。カルフーンは、内陸水路の整備をアメリカの国力と安全保障の強化策とみなしていたのだ。また彼の演説の少し前、当時の大統領マディソンも、1816年

の一般教書にて「私は、……道路と運河の包括的なシステムを実現するために、……既存の権限を行使することに再度目を向ける」と述べている（Madison 1816）。すなわち、戦後のこの時期、連邦政府と連邦議会双方で、内陸水路開発に対して前向きな雰囲気が醸成されていたのである。この政治状況で、同1816年、カルフーンは、道路・運河開発のための基金を創設する法案を議会に提出した。

　しかし、かつてのギャラティン報告書の際には連邦議会がそれに反対したが、この時は、大統領のマディソンが拒否権を発動し、この法案を廃案に追い込んだ。拒否権が発動された理由としては、マディソンが、合衆国憲法に連邦政府による運河開発や河川改良の規定はなく、もし実施するのであれば、憲法を改正すべきと考えていたことによる（櫛田 2009）。このように政治が内陸水路開発をめぐり混沌としている状況の中で出てきたのが、「軍」だった。

内陸水路開発に対する軍の見方　アメリカ陸軍は、米英戦争直後から、内陸水路開発に向けて具体的な動きを開始していた。1816年、陸軍内に「要塞技師委員会」が設立された。この委員会は、アメリカの国防と水運に関する調査を実施し、大西洋〜五大湖〜ミシシッピ川を連結させる必要性を指摘した（伊澤 2015）。この要塞技師委員会が内陸水路開発について企図した理由は、当時この委員会のバーナード主任技師の主張から理解できる。バーナードは、当時、衰退期にあったスペインに代わってイギリスがキューバを支配すれば、アメリカは、イギリスとの間で有事が起こった際、メキシコ湾およびミシシッピ川河口を容易に封鎖され、国内物流および南米との交易が遮断される危険にさらされると主張している（Meriwether ed. 1959）。この見方には、当時軍が有していた国際政治観およびアメリカをめぐる安全保障観が見て取れる。すなわち軍は、米英戦争において海上封鎖を実行したイギリスのシー・パワーを国家的脅威と位置付けるとともに、スペインの衰退という国際政治状況に鑑みた上で、イギリスのキューバ支配というアメリカにとって最悪ともいえる北米地域の地政学的環境の変化が将来起こりうる可能性を怖れ、そしてそれが起きた場合の備えとして、内陸水路開発を企図していたのである。歴史的に見れば、当時は、欧州において勢力均衡に基づく国際協調体制であるウィーン体制が始まった時期にあたる。だが当時のアメリカ軍は、自国周辺の地政学的環境

を、むしろ欧州が協調体制にあるがゆえに、北米地域の植民地権力の変更が平和裏に起こりうるかもしれないと見ていたのだ。

　当時のアメリカとイギリスとの間の二国間関係は、1817年にラッシュ・バゴー条約が締結され、和平が醸成されつつあった。ラッシュ・バゴー条約は、五大湖における両国の戦闘艦船、そして武器の制限を規定したもので、これは一見すると、五大湖における緊張緩和へのプロセスに見える。しかし軍事および地政学的ロジックに基づいて考えれば、五大湖に通じるセントローレンス・シーウェイはカナダ（イギリス）側にあり、さらにイギリスがアメリカ東海岸に対して海上封鎖を実行できるシー・パワーを保有している状況は、アメリカにとって極めて不利な地政学的安全保障環境であり、この五大湖における軍備規制はそのアメリカの劣勢をさらに強める。この不利な地政学的および安全保障の環境を改善するには、アメリカが五大湖周辺の工業生産力（兵器生産・造船能力）を向上させ、有事の際には五大湖方面へ戦力を迅速に補充できる軍事輸送路を構築するしかない。その意味でも、当時アメリカ軍が内陸水路を軍事輸送路とみなし開発を志向することは、地政学的ロジックの理に適っている。

軍の関与の始まり

アメリカ陸軍が実際に内陸水路開発に関与し始める重要な起点となったのは、連邦議会で水路開発を主張していたカルフーンが、1817年、モンロー政権の陸軍長官に就任したことである。陸軍長官に就任したカルフーンは、1819年、報告書を連邦議会に提出し、そのなかで水路拡張計画が米英戦争の戦訓から「国家的、軍事的観点から重要」であると主張した。すなわち彼は、あらためて内陸水路を国家の発展だけでなく、より直接的な軍事的要諦と見なしたのである。

　だが当時、アメリカ陸軍は、水路開発の必要性を政治的にただ主張するだけでなく、確実な法的裏付けがないまま、水面下で国内水路開発に関与するようになっていた。1823年、チェサピーク＆デラウェア運河会社は、自社が開発する運河ルートの選定にあたり、陸軍長官のカルフーンと陸軍省に協力を要請した。この要請に対してカルフーンは、先述のバーナードとトッテンをはじめとする陸軍工兵将校をチェサピーク＆デラウェア運河会社に派遣し技術支援させている。またこれとは別に、同年、モリス運河社からも陸軍技術者派遣の協力要請がなされ、アメリカ陸軍はこれに対しても協力した（Goodrich 1961）。

すなわちアメリカ陸軍は、軍事施設建設を通じて土木技術を蓄積していた技官を、企業の協力要請に応じて派遣するという形で、内陸水路開発への関与を始めたのである。

　そして翌1824年になって、連邦議会は、国家にとって重要な道路ならびに水路を調査するために、「一般調査法」(The General Survey Act of 1824) を成立させた。この法律は、オハイオ川とミシシッピ川を航行可能河川として改良するため、陸軍工兵隊の活動予算として7万5000ドルの拠出を認めたものである。この一般調査法の成立によって、正式にアメリカ陸軍が国内水路開発へ参画する道が開かれた (Smith 2009)。だが実際のところ、先述のようにアメリカ陸軍は、当該法成立以前に内陸水路開発への実質的関与を始めていたのである。

　1825年にエリー運河の開通によってアメリカ中が一気に水路への関心を増し、土木技師が供給不足に陥ったこともあって、一般調査法の成立は、州政府や市当局の陸軍工兵隊への水路調査依頼を加速させた。ニュージャージー州 (ハドソン川隣接州)、ニューヨーク市 (ハドソン川河口)、オハイオ州 (エリー湖、オハイオ川、ボルチモア・オハイオ鉄道の最西端州)、インディアナ州 (ミシガン湖、オハイオ川支流)、シカゴ市 (イリノイ川とミシガン湖の連結地)、イリノイ州 (イリノイ川とミシガン湖)、ミルウォーキー市 (ミシガン湖沿岸)、そしてボルチモア市 (ボルチモア・オハイオ鉄道の大西洋沿岸港) といったアメリカの舟運にとって要衝に位置する州や都市が、一斉に陸軍工兵隊に水路に関する調査・計画策定協力を依頼し、内陸水路開発が本格化していった (伊澤 2015)。そして、鉄道が整備・普及するまでの期間、また鉄道が普及した後も、19世紀中、舟運はアメリカの重要な交通手段であり、内陸水路はアメリカ内のコネクティビティの「路」であった。そしてその展開には、「軍」の思惑が多分に影響したのである。

第4節　国家の「水」への呪縛の要因とは何か

　ここまでアメリカ軍の内陸水路開発への関与という、軍事戦略と河川開発政策が一体化していく歴史的起源を概観したが、その事例から国家が水、特に本節では河川の管理支配を強める地政学的要因について分析してみたい。

　まずアメリカ軍が河川を軍事戦略の対象としていく政策的プロセスを図示化

図4-3　アメリカにおける内陸水路開発の政策プロセス

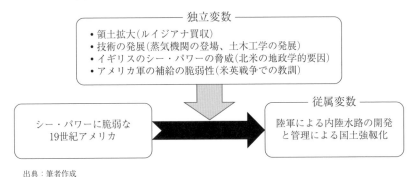

独立変数
- 領土拡大(ルイジアナ買収)
- 技術の発展(蒸気機関の登場、土木工学の発展)
- イギリスのシー・パワーの脅威(北米の地政学的要因)
- アメリカ軍の補給の脆弱性(米英戦争での教訓)

シー・パワーに脆弱な
19世紀アメリカ

従属変数
陸軍による内陸水路の開発
と管理による国土強靱化

出典：筆者作成

したのが、図4-3である。ここで重要なのは、水および河川が独立変数そのものでないことである。アメリカの場合、そもそもルイジアナ買収という領土拡大の時点で、舟運交通の基幹路となるミシシッピ川の内水化が達成され、水の「路」が得られたにもかかわらず、その重要性に則した国内法制度の整備とそれに対応する政治議論は追い付いていなかった。すなわち河川の重要性の認識は、別の要因によってもたらされた。

　水路として河川の重要性が認識されたのは、外部からの「脅威」の存在と、それに起因する自国安全保障への危機感である。アメリカの場合、その脅威とは、当時世界最強のシー・パワーを有するイギリスの存在であった。実際にアメリカは、米英戦争でイギリスのシー・パワーを海上封鎖という形で経験したことで、戦後、内陸水路開発の国内議論を深化させた。そして、当時アメリカの河川は、「脅威」に対して将来にわたる国防力の強靱化のために利用される手段および道具と見なされ、陸軍工兵隊が参画する形で河川開発が展開されていったのである。このアメリカの歴史事例から理解できることは、国家の水政策が単なる水資源開発だけではなく、それ以上のより大きな政治的な目的によって、さらに大きなダイナミズムを得るということである。そして、水資源開発だけではない別の目的が国家の水資源政策に付随している場合、国家の水戦略はより強靱的かつ核心的なものとなりうる。「水」に対する国家の呪縛は、まさにこの構図のなかにあるといえる。このことは、現代の水をめぐる地経学

に置き換えた場合にも当てはまる。先に中国の国外と国内における水政策に関する二面性について触れたが、中国政府が国内の水資源政策に関しては保護主義的であり熱量が弱いものの、逆に対外的な水インフラ開発投資で熱量があるのは、アメリカの地政学的覇権を切り崩すという大きな目的があるからである。すなわち国家の水資源政策は、従属変数の政策に転化しやすいのだ。

　この傾向を踏まえて、水の資源地政学としての位相と将来的な展望を考察する場合、水をめぐる国際政治の新たなダイナミズムの可能性にたどり着く。それは、自国と周辺国との水資源配分や協働性といった水そのものを対象とする政策協調よりも、国家間での水資源（開発）を利用した他の資源や政治的利得への交換ないしは取引の活発化である。その意味で、対外的な水インフラ開発投資を積極的に推進することで、国際的な水政策において中国がこれまでの消極的なプレイヤーから積極的なプレイヤーへと変貌したことは、現在、中国が水の地経学的ダイナミズムの最中にいる証左といえるかもしれない。そして、かつてアメリカが国防の強靭化の為に河川開発を行ったように、国家にとって水資源を高次の資源および利益獲得の手段とするようなある種の政策的変換能力こそが、国家が国際社会における大国になるための必須要件なのではないだろうか。

【注】

1）　AIIBのウェブサイトにおいて閲覧可能な承認案件（2019年9月時点）でも、バングラデシュでの上下水道プロジェクト、インドでの水道プロジェクト、ネパールでの水力発電プロジェクト、インドネシアでの灌漑プロジェクト、そしてフィリピン・マニラにおける洪水管理プロジェクトなどがある。このように地経学に基づく戦略を展開することによって、国際的な水政策において、中国は孤立的なプレイヤーから有力な協調プレイヤーへと変貌している。つまり、水そのものを対象とするのではなく、経済とテクノロジーを媒介させることで、水分野における国際政治経済のインパクトを引き起こしているのである。

【推奨文献】

①エドワード・ルトワック（2018）『日本4.0—国家戦略の新しいリアル』奥山真司訳、文藝春秋
②ロバート・D・カプラン（2014）『地政学の逆襲—「影のCIA」が予測する覇権の世界地図』櫻井祐子訳、朝日新聞出版

③ヘザー・L・ビーチ他（2003）『国際水紛争事典―流域別データ分析と解決策』池座剛・
寺村ミシェル訳、アサヒビール

【引用・参考文献一覧】
・井上秀典（2005）「国際水環境紛争における衡平な利用原則の検討」『人間開発論集』6
巻1号、41-52頁
・伊澤正興（2015）『アメリカ水運史の展開と環境保全の成立―「運河の時代」からニュー
ディール期の連邦治水法まで』日本経済評論社
・櫛田久代（2009）『初期アメリカの連邦構造―内陸開発政策と州主権』北海道大学出版会
・塚谷恒雄（1997）『環境科学の基本―新しいパラダイムは生まれるか』化学同人
・鳥谷部壌（2015）「国際水路非航行利用条約発効と今後の課題」『環境管理』51巻1号、
産業環境管理協会、44-49頁
・波多野英治（2012）「水資源を巡る国際法の進展と課題」『環境法政策学会誌』15号、193
-208頁
・Black, Jeremy（2009）, *The War of 1812 in the Age of Napoleon*, University of Oklahoma
Press.
・Blackwill, Robert D. and Jennifer M. Harris（2016）, *War by Other Means: Geoeconomics
and Statecraft*, The Belknap Press of Harvard University Press.
・Cech, Thomas V.（2005）, *Principles of Water Resources: History, Development,
Management, and Policy*, J. Wiley.
・Chace, James and Caleb Carr（1988）, *America Invulnerable: the Quest for Absolute
Security from 1812 to Star Wars*, Shummit Books.
・Economy, Elizabeth and Michael Levi（2014）, *By All Means Necessary: How China's
Resource Quest Is Changing the World*, Oxford University Press.
・Goodrich, Carter（1961）, *Canals and American Economic Development*, Columbia
University Press.
・Hickey, Donald R.（2013）, *The War of 1812: Writings from America's Second War of
Independence*, Literary Classics of the United States.
・Hill, Forest G.（1957）, *Roads, Rails & Waterways; The Army Engineers and Early
Transportation*, University of Oklahoma Press.
・Kotar, S.L. and J.E. Gessler（2009）, *The Steamboat Era: a History of Fulton's Folly on
American Rivers 1807-1860*, McFarland.
・Larson, John Lauritz（2001）, *Internal Improvement: National Public Works and the
Promise of Popular Government in the Early United States*, University of North Carolina
Press.
・Lee, Kuan Yew（1998）, *The Singapore Story: Memoirs of Lee Kuan Yew*, Prentice Hall.
（日本語訳書としては、リー・クアンユー（2000）『リー・クアンユー回顧録―ザ・シン
ガポール・ストーリー』（上・下巻）小牧利寿訳、日本経済新聞社）
・Madison, James（1816）, Eighth Annual Message, December 3, 1816.

- Meriwether, Robert L. ed. (1959), *The Papers of John C. Calhoun*, University of South Carolina Press.
- Richard Peters, ESQ. ed. (1846), *The Public Statutes at Large of the United States of America*, Charles C. Little and James Brown.
- Report of the Secretary of the Treasury; on the Subject of Public Roads and Canals, 1808.
- Shaw, Ronald E. (1990), *Canals for a Nation: the Canal Era in the United States 1790–1860*, University Press of Kentucky.
- Smith, Mark A. (2009), *Engineering Security: the Corps of Engineers and Third System Defense Policy 1815–1861*, University of Alabama Press.
- Spangenburg, Ray and Diane K. Moser (1992), *The Story of America's Canals*, Facts on File.
- AIIB ウェブサイト (https://www.aiib.org/en/projects/approved/index.html)

第 II 部

民主主義は資源貿易を拡大するか？

第 **5** 章

中国モデルの「エネルギー民主主義」

——中央アジアからの発信

平川　幸子

【要　約】

　中国の経済発展を支えるエネルギー政策は、中国共産党支配の存続に関わる政治的課題である。中国は、1990年代後半から、エネルギーの国際相互依存を前提に政府部門や国営企業の改革を実施し、海外に活路を求めて積極的に国際市場競争に進出したが、2001年後の国際情勢がエネルギー政策を再考させた。アメリカは中東や中央アジアなど資源産出地域に対し覇権主義的に介入、石油企業を発端とする米中経済摩擦は深刻な相互政治不信を招いた。

　資源豊かな隣接地域である中央アジアが、中国の新たな戦略的地域となった。冷戦後に独立した現地新興諸国との協力関係は、多国間制度の発展によって安全保障と経済の両面で良好に進展してきた。アメリカの覇権主義とは異なる民主的で平等な国際関係であることを中国は自負する。エネルギー政策も、包括的・全面的な協力関係の中で共同発展を目指すプロジェクトとして推進された。この成功体験は、地政学的判断と相まって「一帯一路（BRI）」構想へと繋がり、今日ではグローバルな国際秩序の変更も提唱するようになった。

第1節　中国のエネルギー政策の変遷

1990年代からの
国際化と自由化

　1978年、鄧小平が打ち出した改革開放政策、市場経済の導入は、重化学工業の発展から始まったこともあり、90年代までに中国のエネルギー事情に重大な変化をもたらした。かつては

大慶油田をはじめ世界でも有数の石油輸出大国であった中国自身のエネルギー消費量が莫大に増加したのである。既存油田の老朽化から生産の伸びが鈍化すると、ついに1993年には石油（原油・石油製品）、1996年からは原油でも純輸入国に転じた。

　エネルギー危機は、冷戦後の国際環境の変化やそれに伴う国内の政治危機とも時期が重なっていた。1989年6月の天安門事件鎮圧後、中国政府は民心をつなぎとめるため、経済発展に全力で取り組んでいた。同時に、政治的には西側諸国からの影響による国内民主化の動きを阻止する必要があった。1993年からは共産党独裁を守りつつ市場経済化を推進するという「社会主義市場経済論」を公式に導入する。対外政策では、「韜光養晦」（とうこうようかい）（能力を隠して力を養う）の低姿勢を保ちながら海外市場に積極的に活路を求めるという高度なバランスが求められた。エネルギー問題も、このような「走出去」政策の中で解決法が模索されたのである。

　政府内エネルギー部門の組織も改革され、経済成長の支柱となる石油企業の育成が目標とされた。1997年の党大会で、エネルギー、鉄鋼、運輸、電力、通信などの戦略的重点分野では党と国家が引き続き大企業を統制し、潤沢な補助金や海外進出支援、有利な融資条件などで育成する方針が打ち出された。翌年、中国石油天然ガス集団公司（CNPC）、中国石油化工集団公司（Sinopec）の2社が再編され、従来の中国海洋石油総公司（CNOOC）と合わせて、国有三大石油会社体制が整えられた。陸域での探鉱・開発を担当していたCNPCと、下流での精製・販売を担当していたSinopecを競合可能な企業に再編し、市場原理によって石油産業を活性化させる試みだった。

　新会社は、欧米のエクソンモービルやシェブロン、BP、ロイヤルダッチシェルのような総合的石油企業になることを目指した。2000年初めからは株式を国際証券市場に上場して資金を調達するとともに、外資との提携を積極的に行い欧米メジャーの技術・資本金とともにブランド力を利用した。その姿は、純粋に利益を追求する民間企業の行動のようであり、WTO加盟国に相応しい市場経済原理型のリベラルな経済政策を象徴しているように見えた。

9.11同時多発テロ後の政策見直し　しかし、2001年9月アメリカで発生した同時多発テロ事件が、中国のエネルギー政策に大きな転換をもたら

すことになる。エネルギー供給不安から原油価格が高騰、資源確保の国際競争は一層厳しくなった。さらに、イラクなど石油産出地域に対してアメリカが政治的介入を始めたことが中国に大きな影響を与えた。

2003年3月、アメリカは対イラク戦争を開始、陸上部隊がウムカスルやルメイラ油田を攻略し、中東地域の戦火拡大が予期される状況となった。この政治情勢の変化に際して、胡錦濤国家主席、温家宝首相は、王濤世界石油会議中国国家委員会主任、馬富才CNPC総裁、および共産党中央政治局委員の周永康（元CNPC社長）らを招集して特別会議を開催している。そこでは、中国原油輸入の8割以上がホルムズ海峡を経由するという海上輸送のリスクや、イラク・中東地域における中国の油田・鉱区権益の保護が大きな問題となった。胡錦濤は、11月の共産党中央経済会議の席上、マラッカ海峡でアメリカが実質的に海峡を支配していることに触れて、新たな石油・エネルギーの発展戦略を制定し、エネルギーの安全確保に取り組むよう政府高官に指示を出した。

2004年6月に発表された「エネルギー中長期発展計画（2005-2020）」では、省エネやエネルギー構造の最適化、エネルギー源の多様化、技術革新・イノベーション、環境保護に触れるとともに、「エネルギー安全保障を重視、エネルギー供給の多様化を進める」点が大いに強調されることになった。翌2005年には、石油・エネルギー戦略、および関連産業や諸問題に対処する指導力を強化するため、温家宝を責任者として国家発展改革委員会内に「国家エネルギー指導チーム」が組織され、対策実務を扱う担当事務部門や国家エネルギー局も設立された。このようにして、次第に中国のエネルギー政策は、それまでの市場メカニズムを通した石油企業の純粋な国際競争を重視する経済政策から、中国政府高官が戦略的考慮により直接差配できる政治的要素の強い内容と構造に変化していった。中国は、アメリカが覇権的な力で中東産油国、中央アジア・カスピ海産油地域への政治的・軍事的影響、および国際エネルギー市場に与える影響を強く警戒していたのである。

石油をめぐる米中対立　他方で、アメリカ側もこの時期、中国の国際市場進出に対して警戒感を高めていた。90年代からようやく海外展開を始めた中国の石油企業は、国際エネルギー・資源市場においては新規参入者であり、欧米メジャーが既に支配を確立している地区での競争では現実

的に勝ち目はなかった。結局、中国企業は欧米企業が進出を回避してきた政治情勢の不安定な地域に主に接近することになる。その中にはアメリカが外交上の懸念国として挙げているイランやスーダンなども含まれていた。アメリカ国内では、中国企業の不透明なプロセスによる資源開発や権益確保が、現地の独裁政権を支援しているという批判が高まった。中国と現地国との間で、エネルギー資源の安定供給の見返りに大量破壊兵器や関連技術が移転されたというような噂も絶えなかった。

　そのような時に、石油ビジネスをめぐり米中が直接対決する事案が発生した。2005年4月、アメリカの石油大手ユノカルは国内企業のシェブロンによる165億ドルの買収に合意した。ところが、その後6月にCNOOCが185億ドルの全額現金による買収案を提示した。これに対してアメリカ議会からは、中国企業による買収提案はアメリカの安全保障と経済利益に対する脅威であるとして、大統領に調査を求める意見が相次いだ。国家の戦略的資源である石油が共産党政府の手に渡るという不安や不満が続出したのである。反発は、やがて国防生産法（安全保障面で脅威となる可能性のある外国企業によるアメリカ企業支配を制限）の厳格化要求にまで高まっていった。

　これに対してCNOOC側では、当初、買収提案は独自の企業判断であり中国政府は関与していないと反論していたが、結局8月には政治的圧力が事業リスクを高めたという理由から撤回を表明した。問題は一応収束したものの、この一件は、米中経済摩擦が市場での企業間競争ではなく国家間の政治外交レベルの問題であることを明らかにした。

　以降、アメリカ国内では、中国の社会主義市場経済は国家管理型の異質な資本主義だと論じる「北京コンセンサス」という言葉が広がっていった。それは、戦後に米国が主導し築いてきた自由主義市場経済に基づく国際経済秩序（いわゆる「ワシントン・コンセンサス」）とは相容れない「中国モデル」として、中国脅威論と一体となって警戒されるようになっていった。

中国が考えるエネルギー安全保障　中国が初めて「エネルギー安全保障」という概念を公式に使用したのは、2001年3月に公表された第10次5カ年計画だとされる。そこでは、海外における石油・天然ガス供給基地の設置、石油輸入の多元化という政策目標が立てられ、「受容可能な価格による安

定的エネルギー供給」という国際社会で一般的な「エネルギー安全保障」の定義が使われていた。

　しかし、国際市場競争での厳しい現実を経験した後、2006年3月に発表された第11次5カ年計画では、より具体的で特徴的な概念として説明されている。すなわち、同概念は、エネルギー（energy）、経済（economy）、環境（environment）の「3E」に加えて、Sという社会安心（Social Safety）を加えた「3E＋1S」として定義された。3Eについては、「まず開発、後から環境」といわれてきた中国の経済発展政策が、先進西側諸国の国際標準に追いついたように見える。しかし、最後に「社会安心」を加えたのは中国独特の理解と表現である。ここで示されているのは、各国には文化的特性や発展段階、政治体制などに合わせた独自の「エネルギー文化」があるという中国の立場であった。冷戦後の国際社会で、西側諸国の持つ民主主義や人権などの価値を普遍的規範として無条件に受け入れるのではなく、相対的な価値の違いを相互に認めあうという中国外交の一般的な主張と通じるものである。

　あわせて積極的なエネルギー外交も開始された。同年7月、サンクトペテルブルグでのG8サミットにオブザーバー参加した胡錦濤国家主席は、「エネルギーの国際協力宣言」を提唱し、「それぞれの国にはエネルギー資源を十分に活用して自国の発展に結びつける権利があり、大多数の国は、国際協力なくしてエネルギーの安全保障を獲得することはできない」という基本的見解を示した。その上で、①エネルギー開発と利用の互恵協力の強化、②先進的なエネルギー技術の研究開発体系の拡大、③エネルギー安全保障の安定のための政治的環境を維持、という3つの重点を訴えた。特に第3点では、産油地域の情勢安定を守り国際的なエネルギールートの安全を確保するよう努力すべきであり、エネルギーを政治問題化するべきではない、と強調している。途上国の発展の権利を擁護しつつ、アメリカの「石油帝国主義」的な覇権的行動を暗に批判したのだった。

第2節　中央アジアへの視線の変化

新しい外交関係の開始

　1990年代前半、中国がエネルギー不足解消の活路を海外に求め始めた時期は、中央アジア諸国との外交関係は開始されたばかりであった。ソ連崩壊後、1992年の年明けから、ウズベキスタン、カザフスタン、キルギス、トルクメニスタンと次々に国交樹立している。最初の課題は、中ソ時代に解決できなかった国境の制定であり、決して資源エネルギー問題ではなかった。当時の国際石油市場は価格も比較的廉価で安定しており、中国企業は欧米先進諸国を相手に、国際的な標準ルールを学びつつ市場競争メカニズムの中で奮闘している段階であった。中央アジアから中国への石油・天然ガスの輸入という選択肢は重視されておらず、積極的だったのはむしろ中央アジア諸国の側であった。[1]

　中国が中央アジアとの関係で重視したのは、地域主義や多国間協力への積極的な取り組みであった。1994年に李鵬首相は中央アジア諸国を訪問し、「中央アジア諸国との関係を発展させる四つの基本原則」として、内政不干渉、善隣友好、平等互恵、独立・主権の尊重、を挙げていたが、同時に「地域の安定確保」を提唱した。中国が警戒していたのは、冷戦後の中央アジア諸国独立という地域秩序の変更が、国内の分離独立問題に与える影響であった。ユーラシアで最も海から遠い中国最西部の新疆ウイグル自治区では、住民の三分の二が漢族以外であり、ウイグル族、カザフ族、キルギス族、タジク族、ウズベク族など隣接する中央アジア諸国に跨る民族も多い。東トルキスタンと呼ばれる同地域では、ツュルク系イスラム教徒によって歴史的に独立建国が目指されてきた。このような潜在的な不安定要因に対して中国政府が事前予防的に介入するためには、隣接する諸国の各政権からの協力が必要であった。

　中国外交の基本原則である内政不干渉主義と矛盾せずに周辺諸国をソフトに制約する方法として、地域協力や多国間主義が有効な外交スタイルであることを中国は学びつつあった。従来、伝統的に二国間外交を重視してきた中国だが、1991年にはアジア太平洋経済協力（APEC）、1994年にはASEAN地域フォーラム（ARF）などの多国間協力枠組みに参加した。これらは日米、

ASEAN諸国側から見れば、台頭する中国を積極的に経済や安全保障の対話枠組みに取り込む「関与」政策であった。中国はこれに積極的に応じただけでなく、やがてロシアや中央アジア諸国との間でも徐々に主体的に多国間協力を推進していった。

新安全保障観の
発信地としての
ユーラシア

中国の多国間主義外交は「新安全保障観」という概念とセットになって、アメリカの覇権的一極主義に対抗しうる国際協調主義として発信された。1996年4月、ロシアのエリツィン大統領が中国を訪問、江沢民国家主席と会談し、国境地域の安定化についての協力に合意した。会談翌日、両首脳は上海へ移動し、中国との間で同様に国境問題を抱えていたカザフスタン、キルギス、タジキスタンの各大統領と協議を行う。5カ国首脳は「国境地域における軍事分野の信頼強化に関する協定」に調印、旧ソ連と中国の国境線から両側100kmの各圏域を非武装地帯とした。

その後、7月のARF外相会議で銭其琛外相は、「対話と協議を通じて相互の理解と信頼を確立し、経済交流協力、共同参加と密接な協力の拡大と深化を通じて地域の安全保障を促進する」という新外交方針を「新安全保障観」と呼んでアピールした。公式文書で「新安全保障観」という用語が登場したのは、1997年4月の中ロ共同宣言である。江沢民はロシア国会の演説で、5カ国で調印された国境地帯の軍事削減協定を「冷戦思考を超える新しい安全保障観」であり、新たな普遍的意味を持つと述べた。

5カ国首脳間の対話は毎年行われる慣習となり、メディアからは「上海ファイブ」と形容された。この時期の主要議題は、冷戦時の国家間戦争とは違う軍事的な治安協力であった。中国では新疆ウイグルやチベットでの民族自治、ロシアではチェチェンの分離独立、中央アジア諸国内では過激な反政府運動、これらの諸勢力が時に連携しながら越境的に活動していたのである。1998年、カザフスタンのアルマトイにおける第3回「上海ファイブ」首脳会合文書において、民族的分離主義、宗教的過激主義、国際的テロリズムに対して5カ国が共同対処する旨が明記された。この「三悪」と呼ばれる「共通の敵」が地域協力の求心力を高めていった。

21世紀に入ると、ウズベキスタンを加えて、上海協力機構（SCO）が発足す

る。中国は、上海ファイブの実績や精神を継承して「新安全保障観」を発揮する国際主義の場として位置づけ、事務局を北京（上海ではない）に迎えて積極的に新機構づくりに尽力した[2]。非対称な大小国家から構成される国家間協力が積み上げてきた諸規範（相互信頼、互恵平等、協調、多様な文明の尊重、共同発展の追求）は、やがて「上海精神」と呼ばれるスローガンに結晶され、機構のシンボルとして称揚されることになった。

| 中央アジアでの
エネルギー輸送路建設 |

このような良好な関係を背景として、中国は2000年代後半までには、地理的に隣接する中央アジアに資源外交の活路を見出したと考えられる。第1の要因は、アメリカとの関係である。新興弱小国からなる中央アジアへ接近し影響力を築くことは、地域協力を順調に主導してきた中国にとって比較的容易だと考えられた。幸いなことに、90年代から芽生えた同地域の多国間協力にはアメリカは全く関わっていない。「新安全保障観」「上海精神」などの実践は、覇権主義的に同地域に介入してきたアメリカへの反論となり、かつ民主的で平等な国際関係を推進する中国を国際政治上でアピールできる。

　第2の要因は、開発と治安の実利的理由である。SCOを通して「三悪」問題に積極的に共同介入する過程では、現地においても主体的にエネルギー輸送ルートに関与し管理することが可能になる。連結する新疆ウイグル地区の治安と経済開発も同時に解決しうる。貧困削減が政治的不満の解消につながり、さらなる経済発展の基盤を築くという好循環が期待できる。

　中央アジアから中国へのエネルギー輸送インフラのプロジェクトが動き出した。カザフスタンとの原油パイプライン、トルクメニスタンとの天然ガス・パイプラインが、一気に建設に向かって進展した。2003年6月、カザフスタンのナザルバエフ大統領を胡錦濤が訪問、2004年9月より建設工事が開始された。2006年7月には、アタスから新疆の阿拉山口まで全長1240kmの石油パイプラインが操業開始された。トルクメニスタンとは、2006年4月、ニヤゾフ大統領を北京に招き長期的協力に合意した。2007年7月にはベルディムハメドフ新大統領が訪中、この時に結ばれた長期契約により、トルクメニスタンの天然ガスは、ウズベキスタン、カザフスタンを経由して新疆に入ることになった。2009年12月、総延長2006kmの「中央アジア天然ガス・パイプライン」が完工し、

図5-1　中央アジア—中国の天然ガス・パイプライン

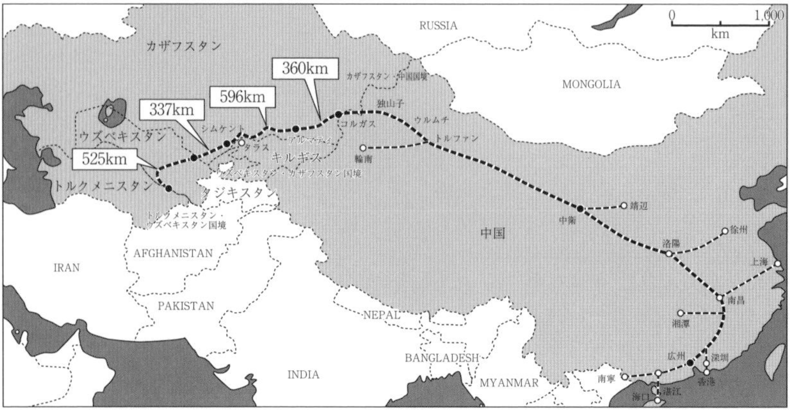

出典：JOGMEC サイトの資料（http://www.jogmec.go.jp/）より修正

2010年1月から新疆ウルムチ市内のガス系統に輸送が開始された。[3] その後、国内の「西気東輸」（西部のガスを東部に送る）パイプラインを経由して、西北・華中・華南地域まで輸送が開始された。

　この多国間にまたがる輸送パイプラインが、中国のエネルギーをめぐる地域協力の具体的実践例の発端であり、後に提唱される BRI 陸路イメージとなったのである。

| 包括的協力による
エ ネ ル ギ ー 戦 略 |

2005年以降の中国の中央アジアにおけるエネルギー戦略の特徴は、多国間主義と包括的協力との抱き合わせだといえよう。「SCO エネルギー・クラブ」結成など目的直結型の構想を提案してきたロシアとは対照的なアプローチであった。それを支えたのが、2000年代以降、中央アジアでの地域協力・多国間主義が、「上海精神」を称揚しながら良好に進展していたという事実であった。

　中国は圧倒的な資金力を背景に、徐々にこの地域でイニシアチブを発揮し、実質的な地域の盟主としての地位を確立していく。特に経済統合には意欲的であり、SCO 加盟国間での FTA 構想を早々と提唱している。[4] 2005年には SCO 銀行連合が設立された。同銀行は加盟国のインフラ整備のための借款や金融機関同士の協力を進めることを目的としており、早々に融資実績を重ねていっ

た。2006年6月上海での首脳会合では、関連プロジェクトに対して中国が資金拠出をする旨が明記された。

　とはいえ、中国の経済的進出は必ずしも現地で歓迎を受けていたわけではない。たとえば、カザフスタンではエネルギー分野への中国進出に関しては反発が強く、2006年秋には国会議員から批判が噴出した。中国企業が掘削装置を自国から持参するだけではなく中国人労働者まで連れてくる、現地労働者の権利を尊重しない、中国からの安価な輸入品による国内産業が圧迫される、などの点が問題とされた。

　現地での不満を払拭するためにも、中国は物質的側面だけではなく社会的貢献、人々同士の交流、相互理解、文化的関係などソフトパワーの部門でも力を入れる必要があった。2006年6月にSCO諸国間で教育協力協定が締結されたことに伴い、中国は現地からの留学生受け入れ拡大とともに、現地で中国語や中国文化を教える孔子学院の開設を拡大する。2008年にはSCO大学構想を打ち出し、地域発展に資する専門家の人材育成事業を提案している。

　このように中国は中央アジアにおいて、経済社会協力分野で一般の人々を巻き込む形で促進していくと同時に、SCO加盟国間同士で経済貿易や交通インフラ、文化、環境、司法、教育など様々な協力スキームを打ち出し資金提供に励んだ。このような分野での包括的な実践は、後にBRIが掲げる「五通」（政策意思の疎通、交通輸送の開通、障壁のない通商、資金の融通、民心の相通）の協力ビジョンに通じるものであった。

第3節　BRIへの収斂

アメリカ発の「新シルクロード構想」への反発

2009年に発足したオバマ政権期の米中関係は、リーマンショック後、米国の相対的国力が低下する一方、中国が国力増大を背景に国際的にも自信をつけて、米中で世界秩序を担うG2時代の到来かともいわれた。2010年以降、日本に代わり世界第二の経済大国となった中国は、台湾、チベットに加えて南シナ海も「核心的利益」と呼び始め、米中戦略対話の場でも強気な態度を隠さなくなっていた。高揚する中国の大国意識やナショナリズムに危惧を抱いたクリントン米国

務長官は、「ピボット」や「リバランス」と呼ばれるアジア回帰の外交方針を
まとめ上げて、中国の動向を注視していた。[5]

　2011年9月、クリントンは、アフガニスタンへの治安権限移譲が終了する
2014年以降を見据えた「新シルクロード構想」を提唱した。同構想では、アフ
ガニスタンを地域全体の経済成長に取り込む戦略として、中東と中央アジアか
らアフガニスタン、パキスタンを経由してインドへ至るルートや地域を「新シ
ルクロード」と名付けていた。同構想に関する会議は、ニューヨークのドイツ
国連代表部において、26カ国、3国際機関等が参加して、米・独・アフガニス
タン外相による共同議長の下、開催された。[6]

　このようなアメリカ主導の流れに対して、「シルクロード文明」の本家本元
を自任する中国が苛立ちと焦りを覚えたことは想像に難くない。[7]シルクロード
の歴史に基づいた「多様な文明の尊重」という概念は、SCO が掲げる「上海
精神」の重要な要素でもあった。中国内では、アメリカ発の新構想は対中国封
じ込め戦略として受け取られた。これが実現すれば中央アジアと南アジアにお
ける中国の安全保障環境は一層厳しくなる。中国は地政学的戦略を練り直すべ
きだという論調が生まれたのも自然なことだった。

　2012年10月、米中関係の論客である王緝思・北京大学国際関係学院長が「西
進、中国の地縁戦略の再均衡」のタイトルで『環球時報』に発表した論文が一
つの指針となった。エネルギー資源豊富な中央アジアに対して中国が「西進戦
略」を進めれば、アメリカはアフガニスタンとパキスタンに関して中国に協力
を求めてくるはずであり、米中両国の戦略的相互信頼関係の深化に有益だと論
じた。中国側が当時提唱していた「新型大国関係」の発想に近いが、アメリカ
との直接対決を避ける戦略だといえる。いずれにせよ要点は、アメリカが進出
する前に中国がユーラシアで先手を打つことにあった。

ユーラシアの権威主義
と資源リアリズムの
モ　　デ　　ル　2012年11月に始動した習近平政権は、アメリカのアジ
ア回帰への対抗策として周辺諸国を一層取り込む必要
性を認識していた。中国の西であるユーラシアを岩盤
地域とするために、習近平は2人の強力なリーダーに接近した。

　1人は、もともと SCO や CICA など地域協力の提唱者でもあり、自国内で
も傑出したリーダーシップを発揮してきたカザフスタンのナザルバエフ大統領

である。国内では農業生産とともに、石油をはじめとする地下資源輸出による外貨獲得で2000年代以降、突出した経済成長を実現し、その財源で独自の基金や銀行を創設してきた。多民族国家形成の基盤となる統合理念として「ユーラシア主義」を掲げながら、独自の歴史と将来を持つ社会発展モデルを主張し国家アイデンティティを形成してきた。独立以来、国内の最高指導者として事実上の終身大統領の身分を維持しているナザルバエフの権威主義体制は、一党独裁体制を堅持する中国共産党と親和性が高いだけではなく習近平本人にもインスピレーションを与えたであろう。それゆえに、習近平がクリントン構想を一掃し、中国版「シルクロード構想」を発信するためには、カザフスタンこそが最適だったのである。2013年9月、BRIの「一帯」に当たる「シルクロード経済ベルト」構想が、首都アスタナのナザルバエフ大学で発表された。

　もう1人の重要人物はプーチン大統領であった。2013年3月、初の外遊となる中ロ首脳会談の席上で、習近平はロシアのエネルギー戦略について直接尋ねた。プーチンは、石油・天然ガス戦略は政権の中核をなすものだと答え、1990年代のエネルギー産業の民営化を否定した。国家エネルギー産業統括官から政治家のキャリアを始めたプーチンは、エリツィンから政権を引き継ぐと真っ先にロスネフチ、ガスプロムなど石油・天然ガス会社の実権を掌握した。プーチンは習近平に対し、近代以降の戦争の主な原因はエネルギー獲得競争であるゆえに自分が国家元首として国内エネルギー産業を一手に掌握している、その限りにおいてロシア政界に波風は立たない、と講釈したという[8]。

　当時の中国のエネルギー産業は、江沢民元主席とその部下にあたる周永康前常務局委員が実権を握っていた。習近平は帰国後、江沢民派と周永康に対する徹底的な権力はく奪を開始する。かつて国営石油関連企業から利権を得ていた政敵を反腐敗運動で次々処罰し、習近平は最初の任期中に自らの独裁的地位を確立した。

第4節　中国モデルの「エネルギー民主主義」とは何か

| 中国イニシアチブの
ユーラシア秩序形成 |
BRIは経済圏建設だけではなく、究極的には新たな国際秩序形成に関わる動きである。中国は、そのプラッ

トフォームをユーラシアの地域協力枠組みである SCO や CICA から発信し、それらを協働させることで実現しようとしている[9]。2014年5月には、上海でのCICA 首脳会議の基調演説で、議長国リーダーである習近平は、「アジア人の平和の問題は、アジア主導で解決すべき」という「アジア安全保障観」を提唱した。真の狙いはユーラシアからアメリカの影響力を排除することにあるだろう。

　現在、東アジア首脳会議（EAS）などアジア太平洋の多国間枠組みには、「開かれた地域主義」の理念の下、アメリカ、オーストラリア、ニュージーランド、インド、ロシアなどが参加している。中国は元来、EAS は純粋に地理的な「東アジア」である「ASEAN ＋ 3（日中韓）」に参加国を限定するべきだと主張していた[10]。また、主権国家ではなく「エコノミー」を加盟資格として、香港、台湾を中国と対等な加盟メンバーとして扱う APEC にも満足していない[11]。一方、CICA の加盟資格はアジアに領土を持つ主権国家だと規定されており、アメリカや台湾が正式メンバーになる可能性は低い。CICA や SCO が国際社会の模範となる代表的な枠組みとなることが中国の望みであろう。

　習近平は2016年 CICA の外相会議では、「アジアの特色ある安全保障ガバナンス」と題した演説で、①「アジア運命共同体」意識に基づいて新型パートナーシップを構築する、②文明交流を通して、民族宗教文化の多様性、社会制度の違いを学ぶ、③対話を重視し国際法に依拠し、平和的方式で問題を解決する、④複数の既存の安全保障協力メカニズムを活用するのがアジア方式だ、と説明している。自主外交・非同盟主義を外交原則とする中国にとって、同盟せずにパートナー（中国語で「伙伴」）によっていかに朋友圏を拡大できるかが課題となっている。「伙伴」とは、一般に、中国と既に一定の信頼を構築しており、重大問題について基本的には意見を異にしない関係だと説明される[12]。共通性や普遍性よりも「相違」を前提としているが、アメリカ、日本との間に「伙伴」関係は成立していない。

　アメリカの覇権主義への反論として展開してきた中国の多国間外交は一見、平等で民主的な国家関係に見える。しかし、BRI が「朋友圏」の拡大と連動している以上、実質的には中国中心のハブ＆スポーク型の秩序形成、反米陣営構築の動きであるように見える。

ユーラシア地域の外交で自信を深めBRI陣営を形成
しようとしている中国は、近年、グローバル・ガバナ
ンス改革を「人類運命共同体」という言説とともに提唱している。2017年10月、
中国共産党第19回全国代表大会において習近平は、「中国は『共同協議・共同
建設・共同享受』というグローバル・ガバナンス観に則って、国際社会の民主
化を提唱し、国家の大小、強弱、貧富を問わずに一律に平等であることを堅持
し、国連の積極的な役割の発揮を支持し、国際事務における発展途上国の代表
性と発言権の拡大を支持する」と述べて、「責任ある大国」である中国の知恵
と力による国際貢献を表明した。

　改革の対象となっている現今のグローバル・ガバナンスとは、冷戦勝利国で
ある西側欧米諸国が有する自由、人権、民主主義などの価値観を普及させる動
きであった。越境的でグローバルな市民社会をいかに統治（ガバナンス）して
いくかという考え方である。これに対して中国の唱える「人類運命共同体」と
は、市民社会の過度な主流化を食い止めて、後退気味であった国家主権体制を
復活させる試みだといえる。中国は一貫して、各国家が自主的に発展の道を選
択する権利を主張してきた。西欧発祥の価値観を、「普遍的」に他国に押し付
けることは不公平であり「弱い者いじめ」だと反論してきた。

　中国が描く「人類運命共同体」は、人類の安全と福祉、繁栄は、それぞれを
統治する国家政府が責任を持って遂行した結果として実現されるというイメー
ジである。きわめてトップダウン型の考え方であるが、国家の管理による「民
間」交流やNGO活動には積極的な一面もある。次世代通信技術の覇権を目指
し、サイバー空間でも主権を主張し、情報の流れを統制する。

　中国は、2020年までに「小康社会（そこそこ豊かな社会）」実現を国家目標と
してきたが、持続的な経済発展のためには海外での資源獲得を続けなければな
らない。BRIを延伸させて、ユーラシアから欧州、アフリカ、ラテンアメリカ
など世界中の資源産出国に進出している。そこで扉を開けて待っているのは多
くの途上国の政府である。現地国が、中国モデルの「エネルギー民主主義」や
「人類運命共同体」のアイデアを受け入れるならば、中国が目指すグローバル・
ガバナンス改革も不可能だとはいえない。

【注】

1) 1994年にはトルクメニスタン側から天然ガス・パイプライン建設の依頼があったが、中国はフィジビリティ・スタディ（実行可能性調査）に応じたものの建設に着手することはなかった。1997年には、カザフスタンからの依頼で、アクチュビンスク油田開発を行うと同時に、カザフスタン西部から新疆地区まで約3000kmの原油パイプライン建設の契約に合意した。これも1999年に中国側から計画の棚上げを申し入れた。

2) 2002年に調印されたSCO憲章第1条は機構の課題、加盟国の相互信頼・友好・善隣強化、地域の平和・安全、テロリズムや麻薬、武器取引および不法移民への対処などを述べている。第2条では、加盟国の主権独立、領土保全の相互尊重、加盟国国境の不可侵、不侵攻、不介入、国際関係の武力行使やその威嚇の禁止、地域での軍事的優位を追求しないこと、加盟国間の平等、相互理解、見解の尊重などの規範が挙げられた。「上海ファイブ」時代からの各種会合は、「国家首脳会合」「政府首脳会合」「外相会合」のレベルに体系化され、準備や運営にあたる「国家調整官理事会」が設置された。

3) トルクメニスタン・ウズベキスタン国境からカザフスタン・中国国境（新疆コルガス）までは1818kmあり、トルクメニスタン区間（延長188km）はCNPC、ウズベキスタン区間（525km）はCNPCと現地国営会社との合弁、カザフスタン区間（1293km）は、CNPCと現地国営会社との合弁で建設された（郭2011：55-57）。

4) ちなみに中国は、2002年にASEANとの間でも包括的経済連携協定を締結している。二国間FTAではなく、ASEAN全体を協定主体とするFTAは当時としては斬新な発想であり、後にASEAN＋1と呼ばれる多国間FTAの先駆けとなった。

5) クリントンが、新アジア政策について『フォーリン・アフェアーズ』誌（2011年10月号）に寄稿した論文は「イラクでの戦争が曲がりなりにも終わりに近づき、そして米兵がアフガニスタンから引き揚げ始める中、アメリカは旋回（ピボット）の時を迎えた」という有名な書きだしで始める。

6) 国際会議の場で、クリントンは、「トルクメニスタンの石油・ガスがパキスタンとインドのエネルギー需要を満たし、アフガニスタンとパキスタンに貿易収入をもたらす。タジキスタンの綿花がインドで綿布になる。アフガニスタンの家具や果物がアスタナ、ムンバイ、そしてさらに遠く離れた場所で売られるようになる……」と語った。

7) 1998年にキルギスのアカエフ大統領（当時）が「シルクロード外交戦略」を提唱し、中央アジアは欧州とアジア間の多様な文明の架け橋となる、というアイデアを提唱した。その内容に各国首脳が同意したことは、ビシュケクでの「上海ファイブ」首脳会談の声明に残されている。

8) なぜプーチンが長期にわたり「皇帝」でいられるのかを知りたかった習近平は、就任直後に側近に「プーチン研究」を指示した。報告書は、プーチンの権力の源泉は軍とエネルギー利権だと示していたという。近藤（2016）72-73頁。

9) 2014年にはSCOとCICAが覚書を締結した。①地域の安全安定、②反テロ、③不法薬物対策、④新たな挑戦と脅威に対抗、⑤その他の共通利益、の5つの協力分野を約束している。2014年よりCICAの議長国を務める中国は任期を2年延長して、アジア法執行・安全保障フォーラム、アジア安全緊急対応センター、アジア文明対話会議、非政府

フォーラムなど自らのプラットフォームの制度化を推進してきた。

10)　2005年の第1回 EAS 開催に当たり、ASEAN＋3にオーストラリア、ニュージーラ
　　ンド、インドを加えた ASEAN＋6を主張したのは日本であった。当時の小泉政権は、
　　自由と民主主義の価値を共有する域外3国の参加を推進することで中国を牽制したので
　　ある。2011年からはアメリカ、ロシアが加わり、EAS は計18カ国で構成されている。

11)　中国、台湾、香港のスリー・チャイナが APEC に加入したのは、1991年の第3回ソウ
　　ル APEC であった。台湾の正式加盟名称は、「台湾澎湖金門馬祖個別関税領域」であり
　　チャイニーズ・タイペイの通称を使用している。天安門事件後の中国は国際社会に対し
　　て「一つの中国」原則を強く主張することができなかった。一方、台湾では李登輝総統
　　がいわゆる「実務外交」を推進して、APEC など国際舞台で存在感を出して両岸関係の
　　緊張が高まった。

12)　パートナーシップは条約、協定の形式ではなく元首間の共同声明で構築されることも
　　特徴的であり、国家に限らず多国間機構（EU や ASEAN など）も対象にしている。戦
　　略、全面、合作、全天候、全方位など様々な種類に分類できることも特徴である。

【推奨文献】

①三船恵美（2016）『中国外交戦略』講談社
②郭四志（2011）『中国エネルギー事情』岩波書店
③青山瑠妙（2013）『中国のアジア外交』東京大学出版会

【引用・参考文献一覧】

・伊藤剛（2008）「「新安全保障観」の生成と発展—「国家間協調」の徹底化」天児慧・浅
　野亮編著『中国・台湾』ミネルヴァ書房、217-234頁
・加藤弘之・渡邉真理子・大橋英夫（2013）『21世紀の中国・経済編—国家資本主義の光と影』
　朝日新聞出版
・近藤大介（2016）『パックス・チャイナ—中華帝国の野望』講談社
・ヒラリー・ロダム・クリントン（2015）『困難な選択（上）（下）』日本経済新聞出版社
・寺田貴（2013）『東アジアとアジア太平洋—競合する地域統合』東京大学出版会
・平川幸子（2016）「中国のエネルギー政策と地域主義外交—「一帯一路」のモデルとして
　の中央アジア」『アジア太平洋討究』No.30、89-101頁
・湯浅剛（2015）『現代中央アジアの国際政治—ロシア、米欧、中国の介入と新独立国の自
　立』明石書店
・渡辺紫乃（2012）「中国の中央アジア外交—安全保障、資源エネルギー、経済面での協力
　と今後の課題」『海外事情』9月号、32-48頁
・胡鍵（2016）『一帯一路戦略構想及其実践研究』時事出版社
・張建新（2016）『能源与当代国際関係』上海人民出版社
・Currier, Cariie Liu and Mannochehr Dorraj（2011）, *China's Energy relations with
　Developing World*, The Continuum International Publishing Group.
・Tunsjø Øystein（2013）, *Security and Profit in China's energy diplomacy: Hedging*

Against Risk, Colombia University Press.

· Xu, Qinhua and William Chung (2016), *China's Energy Policy from National and International Perspectives: The Energy Revolution and One Belt and One Road Initiative*, City University of Hong Kong Press.

· Zhao Huasheng, (2016), "Central Asia in Chinese Strategic Thinking," in Thomas Finger ed., *The New Great Game: China and South and Central Asia in the era of reform*, Stanford University Press, pp.171-189.

第 **6** 章

シー・パワーのアメリカのユーラシア大陸資源戦略

上久保誠人

【要　約】

　シー・パワーのアメリカのユーラシア大陸のランド・パワーに対する資源戦略の変化を、「４Ｄ地政学」という新たな概念を用いて検証する。東西冷戦終結後、アメリカは東欧の旧共産圏やソ連から独立した中央アジアに進出し、民主化を進めることで、ランド・パワーのロシアを封じ込めようとした。また、ロシア自体にも進出し、新興財閥オリガーキーとの協力関係を築いた。

　プーチン大統領の登場後、ロシアは「大国」を目指し、石油産業は国有化された。また、ウクライナ危機も起こった。しかし、かつてはベルリンまであったロシアの勢力圏はクリミア半島まで後退し、シー・パワーの戦略の前にロシアは敗北したのは明らかだった。

　しかし、アメリカの戦略はトランプ大統領の登場によって劇的に変化した。アメリカ・ファーストを掲げ、「世界の警察官」をやめたアメリカは、各国との「適切な距離感」を探る、新たな国際関係の構築を目指している。

第１節　東西冷戦終結後の新しい石油秩序の形成

東西冷戦の終結と
国際石油の中東・
アフリカ再進出

　東西冷戦が終結した後のシー・パワーのアメリカのランド・パワーに対する戦略は、マッキンダー・スパイクマンの地政学を基に説明可能であると考える（マッキンダー 2008：スパイクマン 2017）。

冷戦終結後、東西両陣営の下で成長が抑えられていた中国、東南アジア、東欧、アフリカなどが低い労働コストを武器に「世界の工場」として世界経済のプレイヤーとなった。1991年の湾岸戦争を契機に、アメリカ、イギリスなどの国際石油資本がサウジアラビア、カタール、クウェート、ナイジェリアなど中東・アフリカ諸国を訪問し、新たな油田の探索と開発を始めた（奥村他 2009：17-18, 60-63）。

国際金融界と国際石油資本の再編

世界的な規制緩和の潮流の中で、銀行、証券、保険の兼業禁止が廃止されて、巨大金融機関の合併が繰り返され「メガバンク」が出現した。それは、例えばシティグループ、HSBC、JP モルガン、メリルリンチ、バンク・オブ・アメリカなどだ（石井 2007）。メガバンクは、サウジアラムコ、クウェート石油など産油国の国営石油企業をニューヨーク、ロンドンの石油市場に引き込み、国際石油市場の価格形成者の一翼を担うようになった（長谷川 2009）。

　メガバンクは、アメリカやイギリスを本拠地とする大小様々な企業からなる国際石油資本の再編を支援した。その結果、石油の探鉱（採掘）、生産、輸送、精製、販売までの全段階を垂直統合で行い、シェアの大部分を寡占する石油系巨大企業複合体である「スーパーメジャー」が誕生した[1]。

　背景には、中東の石油生産力に限界が見え始め、アフリカ、南米など新たな油田を探さねばならない事情があった。新たな油田は、海底など掘削のために高い技術力が必要で、テロなどのリスクも高い地域にある。その開発には、合併を繰り返し技術力・財務力を高める必要があった（奥村他 2009）。

一方、産油国側も「資源ナショナリズム」による国際資本の「排除」から、共同開発体制を強化する「提携」へと変わった[2]。政治的には国際石油資本と対立しても、ビジネスとしては「Win-Win」の関係を構築して、石油の増産を目指したのだ（岩間 2010：224-226；石井 2007：143-147）。

旧ソ連国営石油企業の民営化と国際石油資本のロシア進出

ソ連の崩壊後、旧ソ連国営石油企業は次々と民営化された。若い元官僚などが国営企業を超安値で買い取って巨富を築き「オリガーキー」と呼ばれる新興財閥となった（Hoffman 2002）。国際石油資本は旧ソ連の権利確保を狙った[3]。アメリカは、専門家を派遣し、オリガーキーを指導した（広瀬 2004：327-328）。

民営石油会社は、ルークオイル、ユーコス、TNK、SNG など11社に集約された。2000年代に入ると、ルーブル危機による通貨安と石油価格上昇で利益が急増した。2002年、ロシアの石油生産量はサウジアラビアを抜いて、世界第2位の産油国になった。

　オリガーキーは、シティやウォール街で M & A を本格化させ、国際石油資本との資本・技術・開発・生産の提携関係を確立し、世界のスーパーメジャー入りを目指した。2003年には、オリガーキーが「フォーブス」誌で世界富豪に8人ランクインした（ゴールドマン 2010：119-149）。

国際石油資本のカスピ海、中央アジアへの展開　アメリカは、ソ連から新たに独立したグルジア、アゼルバイジャン、カザフスタン、トルクメニスタン、ウズベキスタン、タジキスタン、アフガニスタンのカスピ海、中央アジア、南コーカサスの産油国と、パイプラインが通過する国の戦略国家と軍事関係を結んだ。そこに国際石油資本が油田開発契約を締結して進出した（奥村他 2009：52-64; Hiro 2009）。これには、旧ソ連の国々の民主化・市場経済化を進めるという戦略的意義もあった（ロバーツ 2005）。

ロシア石油産業の再国有化　2000年に就任したロシアのプーチン露大統領は、しばらくは国内のエネルギー産業と国際石油資本の協力関係を容認してきた。だが、2006年にプーチン大統領は外資を国内から排除する政策に転換した。

　この時期には、ロシアの石油生産は世界一に回復していた。だが、外資に依存する体制での生産量回復であり、プーチン大統領はエネルギー会社が、国際石油資本に乗っ取られる恐怖を感じていた。また、オリガーキーが石油輸出の利益を英国で蓄財し、ロシアで税金逃れをしたことに不満があった。オリガーキーは、脱税容疑などで逮捕されるか、ロンドンなど外国へ逃亡した。そして、石油・ガス企業が次々と再国有化された（広瀬 2004：147-194）。

　しかし、リーマンショック後の経済危機で石油価格が1バレル147ドル（2008年夏）から1バレル33ドル（2009年秋）に急落し、ロシア経済を直撃した。その結果、石油・天然ガス関係企業は開発・生産に急速なブレーキがかかった。アルミ、銅、石炭、鉄鋼、石油化学、自動車など各産業でも生産縮小や工場閉鎖となった。ロシアの外貨準備高が、6000億ドル（2008年9月）から3.8億ドル（2009

年3月）に激減した。また、オリガーキーの個人資産も急激に失われた。ロシア経済は破滅的な状況に陥ったのだ（ゴールドマン 2010）。

ウクライナ情勢をめぐるロシアと西欧の対立　1991年の独立以来、ウクライナでは親ロシア派と親欧米派の間で権力闘争が続いてきた。2014年のクーデターでは、親ロ派のヤヌコビッチ政権が崩壊し、親欧米派が権力を掌握した。一方、ロシアは、ウクライナ南部クリミア半島を実効支配し、ロシア領に編入した（*The Guardian*, 28 February 2014）。

　アメリカや欧州連合（EU）は、ロシアの当局者に対して渡航禁止と在外資産の一部凍結などの制裁を科した（『REUTERS』2014年3月7日付）。その結果、ルーブルが暴落し、ロシアは深刻な経済危機に陥った（『ハフィントンポスト』2014年12月17日付）。経済制裁に対して脆弱なのは、石油・天然ガスの輸出だけの経済構造で、価格下落が経済力低下に直結したからだ（藤 2017：55-58）。

　プーチン大統領は、ガス・パイプラインの停止など、強硬路線はとらなかった。クリミア半島のロシア編入既成事実化だけは、なんとか守りながら、欧米との関係正常化を図り始めたのだ（『日本経済新聞』2017年5月27日付）。

東西冷戦後のロシアの地政学的敗北　従来の地政学におけるシー・パワーの戦略は、リムランドを抑えてランド・パワーを封じ込めることである（マッキンダー 2008; スパイクマン 2017）。その観点から東西冷戦後を見れば、ランド・パワーのロシアはシー・パワーに完敗したといえる。

　東欧、中央アジアは民主化し、ロシアは遥かベルリンまであった旧ソ連時代の「衛星国」を喪失した。東欧は民主主義政権の下で「EUの工場」と呼ばれる経済発展を遂げた。ロシアはウクライナに介入しているが、それは欧米の戦略により大きく勢力圏を後退させた中で、少し反撃した程度でしかない（Sloan 1999：31）。

　ロシアには、東西冷戦期のように、欧米に対して強気の姿勢を貫くことは難しくなった。「大国ロシア」は幻想にすぎなくなったのではないだろうか。

中国の軍事的拡大、経済発展と民主化を考える　ユーラシアにあるもう1つのランド・パワーの中国は、東西冷戦終結後、「世界の工場」となって急激に経済成長した。この中国の経済成長は、アメリカや日本の下請けとなってアメリカ市場に参加することで促された。つまり、中国の成長は、シー・パワーの

戦略によって実現した側面がある（ゼイハン 2016）。

　シー・パワーの戦略を地政学的に解釈すれば、経済成長著しい中国沿岸部を「リムランド」とみなし、それを取り込むために「積極的に中国の経済発展に関与して、欧米ルールに従う市場経済圏として発展させること」と解釈できる。

　中国は WTO に加盟するなど、経済、通商、為替について欧米が築いてきたルール・制度に従いながら、経済大国化を目指してきた（Yang 2009）。一方で、中国の南シナ海・東シナ海への軍事的拡大は、ランド・パワーの中国がシー・パワー化することを意味し、日本やアメリカにとって深刻な脅威となってきた。ランド・パワー化した中国の海洋進出することを押しとどめ、中国を欧米ルールに従う市場経済圏として発展させることがシー・パワーにとり重要となる。

| イギリスのアジアインフラ投資銀行（AIIB）への加盟 |

しかし、大国として自信をつけた中国は、「シルクロード経済圏（一帯一路）構想（BRI）」を打ち出した。同構想は、中国西部から中央アジアを経由してヨーロッパにつながる「シルクロード経済ベルト」（「一帯」の意味）と、中国沿岸部から東南アジア、インド、アラビア半島の沿岸部、アフリカ東岸を結ぶ「21世紀海上シルクロード」（「一路」の意味）の２つの地域で、鉄道やパイプライン、通信網などのインフラ整を援助することで、中東や中央アジアからの資源輸入の輸送ルートを整備することを目的としている（*The Financial Times,* 13 October 2015）。

　「一路」については、米軍が南シナ海にて中国の動きを封じ込めるべく「航行の自由作戦」を展開中である（*BBC News,* 27 October 2015）。シーパワーのアメリカや日本にとって、中ランド・パワーの中国を海上に進出させることは致命的である。したがって、「一路」については中国に協力できないのは明らかだ。

　一方、「一帯」については、シー・パワーの方針が分かれた。中国が設立したアジアインフラ投資銀行（AIIB）への対応である。2014年10月に北京でAIIB 設立の覚書が調印された時、参加を表明した21カ国に、アメリカの主要な同盟国はいなかった。だが、AIIB の「創設メンバー」になる申請期限の2015年３月31日を前に、40カ国以上が参加を表明した。

そのきっかけは「イギリス」の参加であった。続いてフランス、ドイツ、イタリア、韓国、オーストラリアのアメリカの同盟国が相次いで参加表明し、トルコ、ブラジル、エジプト、台湾など投資を受ける側の国々の参加も決まった。イギリスにAIIBが入り、中国の言いなりにならなくてすむと判断した国の参加が増えたのだ（The Financial Times, 13 March 2015）。

　一方、日本はアメリカの「AIIBに参加するな」という「暗黙」の要請を守った。だが、「AIIBには透明性がないので世界はついていかない」（麻生太郎副総理・財務相）との楽観的な見方は外れた（The Financial Times, 20 March 2015）。

　AIIBがアジア開発銀行（ADB）を超える投資銀行に成長するかは未知数だ。BRI計画も、中国の周辺国に対する強引な対応が批判を受けている（The Financial Times, 24 April 2019）。BRIの成否は不透明といえるが、シー・パワーのイギリスとアメリカ・日本の間で対応が分かれたのは興味深い。

第2節　シェール革命によるアメリカが構築してきた国際社会体制の変化

アメリカが築いてきた
国際社会体制とは

　現在、シー・パワー・アメリカの戦略が劇的に変化としており、従来の「二次元」の地政学では解釈できない事例が増えている。特にそれは、ドナルド・トランプ米大統領が打ち出した「アメリカ第一主義（アメリカ・ファースト）」に典型的に表れている。ここからは、シー・パワーのアメリカの戦略の変化を考察する。

　まず、従来のアメリカの国家戦略を整理する。それは元々、東西冷戦期に共産主義ブロックに対抗するためであった。アメリカは地政学的に重要な位置にある国を同盟国とし、世界各地に米軍を展開し、同盟国の領土を防衛した（ゼイハン 2016：121-127）。次にアメリカは、アメリカ自身と同盟国が安全に石油・ガスなど天然資源を確保するため、海軍を提供して世界の全ての海上交通路を防衛した（ゼイハン 2016：128）。

　さらにアメリカは、自国の市場に同盟国の自由なアクセスを許し、経済成長を促し同盟国を強化することで、共産主義ブロックに対する盾にした。それは、日本とドイツの「奇跡的な高度経済成長」を実現し、韓国、台湾、東南アジア諸国、北米大陸、西ヨーロッパ、そして共産圏だった東欧諸国や中国まで

が、冷戦終結後にアメリカ市場に参加して経済発展した（ゼイハン 2016：129-30）。

アメリカ・ファーストとは　一方、「アメリカ・ファースト」とは、「アメリカはアメリカのために行動する」ということだ。アメリカは「世界の警察官」をやめる。アメリカ市場で世界中の国からの輸入品するのもやめる。むしろ、アメリカ自身のために軍隊を使う。他国は、アメリカのモノを買え、ということである。

　重要なことは、これはトランプ大統領の思いつきと言えないことだ。むしろ、前任のオバマ大統領の時代からのアメリカの国家戦略の変化と見なすべきだ。例えば、オバマ前大統領は、2013年9月に対シリア内戦への軍事不介入声明を発表した際、「もはやアメリカは世界の警察官ではない」と宣言した。「世界の警察官」をやめるのは、党派を超えたコンセンサスなのだ（キャンベル 2017）。

　その背景に「シェール革命」があることを指摘したい。主にアメリカで生産されるシェール石油・ガスによって、アメリカが石油の輸入国から輸出国に変わる劇的な変化である（福富 2015）。アメリカはエネルギー安全保障の観点で、単独でやっていけることになった。「世界の警察官」として、産油国からの石油の輸送路を守る必要性がなくなり、世界から少しずつ撤退を始めているのだ。

「シェール革命」とは　シェール石油・ガスは「非在来型エネルギー資源」と呼ばれている。在来型の石油・天然ガスは、採掘しやすい従来型の油層に存在しているが、実は世界の石油資源の約90％が、採掘が困難な地下の固い岩石中に閉じ込められ、これまでは開発・実用化が非常に困難で高いコストがかかる場所にある（ゼイハン 2016：172）。この従来の資源採掘層ではない地層の1つが頁岩（シェール）層で、近年の技術革新で開発が可能になってきた（藤田 2013：116-151）。

　シェール石油・ガスの本格的な生産は、2000年代のアメリカで始まった。2012年にロシアを抜き世界第2位の産油国に、2014年にはサウジアラビアを抜き世界最大の産油国になった。また、アメリカは世界最大の石油輸入国であったが、2020年には石油の「純輸出国」になると見られる（藤田 2013：52-56）。

図6-1　シェールガス掘削のイメージ

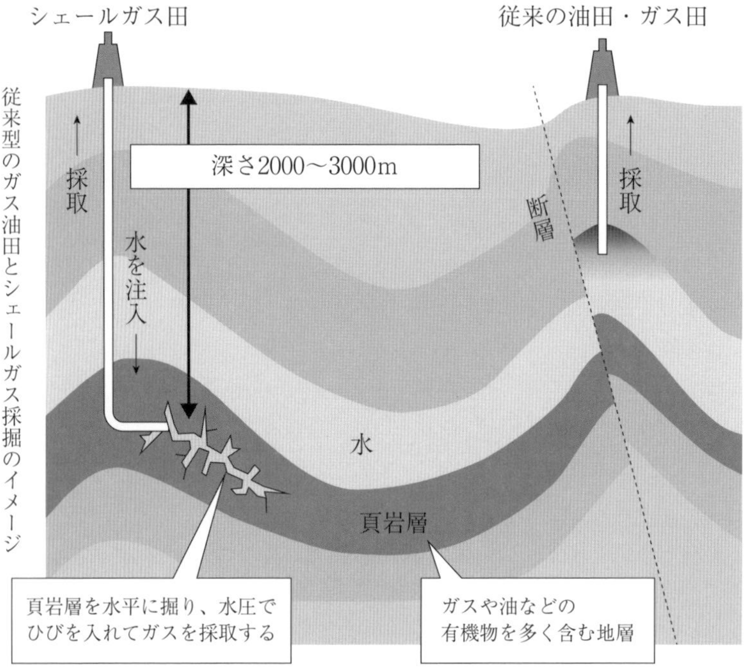

従来型のガス油田とシェールガス採掘のイメージ

シェールガス田

従来の油田・ガス田

深さ2000〜3000m

採取

水を注入

採取

断層

水

頁岩層

頁岩層を水平に掘り、水圧で
ひびを入れてガスを採取する

ガスや油などの
有機物を多く含む地層

出典：http://www.tokyo-np.co.jp/article/economics/economic_confe/list/CK2013051902100004.html

　一方、アメリカの天然ガス全体の埋蔵量は、従来型天然ガス埋蔵量404兆㎥にシェールガス埋蔵量406兆㎥を加えて、2倍以上に増えた。これは世界の天然ガス年間消費量の250年分以上に相当する。アメリカは、エネルギー自給を完全に実現する可能性がある（ゼイハン 2016：176-178）。

シェール革命の
産油国への影響

「シェール革命」が国際社会に与える影響を考える。まず、世界の石油・ガスの供給量が劇的に増大した。一方、2008年の世界的経済危機の後、先進国経済の不振の長期化と中国の成長率鈍化で、「需要」の増加は見込めない状況が続く。その結果、長期的に原油価格の低下傾向が続くことになった（中原 2013）。

　そして、原油の供給量をコントロールし、高価格を維持することでアメリカとその同盟国に対して強い政治力を確保する、産油国の手法が通用しなくなっ

た。特に、かつて強大な影響力を誇った石油輸出国機構（OPEC）は見る影も
なくなった（福富 2015：17-34）。

　産油国経済の脆弱な体質が明らかになった。それは、石油価格の下落が石油
収入・税収の激減に直結し、国家財政破綻に至る経済危機に直結することだ。
（ゴールドマン 2010）。

　「シェール革命」で、アメリカが石油・ガスを自国内で自給できると、莫大
な費用をかけて世界中の油田・ガス田を探して開発し、世界中の海上輸送路を
守る「世界の警察」を務めることに関心をなくすのは、自然なことである。そ
の極端な形が、トランプ大統領の「アメリカ・ファースト」だといえる。

第3節　アメリカ・ファーストと新しい国際関係

地政学における
アメリカの位置づけと
４Ｄ　地　政　学

これまで、地政学は地図という「平面」の上で「固定」
された国家の位置関係から国際関係を考察してきた。
これは「二次元」である。しかし、地政学は無力化し
たという批判がある。航空機、ミサイル、ロケットなどの登場で、地理という
「二次元の固定的なもの」では、説明しきれない空間を含む「三次元」的な事
象が増えているからだ（モーゲンソー 1963；カプラン 2014；Brzezinski 1997）。

　だが、本章は国際情勢の分析に、現在でも地理的な要素は必要であると考え
る。ただし、従来の「二次元」だけではなく、空間を地図上にあり固定された
「三次元」を加えるだけでは十分ではない。テクノロジーの進化によって変化
する「動的」な「四次元」（4 Dimension）の空間を想定する。国家はテクノロジー
を用いて他の国家との間の距離を変えて、政治的な関係性を変化させる。本章
はこの「４Ｄ地政学」という新たな分析枠組を構築する。

　４Ｄ地政学で、現代のアメリカと他国との距離と関係を説明する。従来の
「二次元」の地政学では、シー・パワーのアメリカは「New World」と呼ばれ、
どの国からも直接攻撃できず、政治的・軍事的に圧倒的な優位な位置にあると
されてきた（スパイクマン 2017）。そして、その優位性は「固定」されたもので
あり、アメリカを「覇権国家」に押し上げた１つの要因であった。[4]

　しかし、テクノロジーの進化で「二次元」の地政学では解釈できない事例が

図6-2　北朝鮮弾道ミサイルの射程

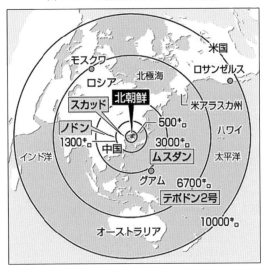

モスクワ
ロシア
北極海
米国
ロサンゼルス
スカッド
北朝鮮
ノドン
1300㌔
中国
500㌔
3000㌔
ムスダン
米アラスカ州
ハワイ
太平洋
インド洋
グアム　6700㌔
テポドン2号
10000㌔
オーストラリア

（韓国国防白書より）

出典：http://maru-pa.com/northkorea/

増えている。例えば、北朝鮮のミサイル開発である。北朝鮮が、アメリカを直接攻撃する可能性を高めたことで、「新世界」アメリカの圧倒的な地理的優位性を切り崩した。従来、「平面上」で「固定的」な距離を埋められなかった北朝鮮が、軍事技術力の強化で、「空間」を曲げてアメリカとの距離を縮めた。アメリカは北朝鮮を無視できなくなり、史上初の米朝首脳会談が開催されたのだ。

　ただし、アメリカが同盟国を重視する従来の戦略のままであれば、北朝鮮がアメリカを直接攻撃できなくても、日本や韓国が危機に晒された時点で行動に移ったはずだ。なぜ「直接攻撃される可能性」が出る時までアメリカが動かなかったかが疑問となる。それは、アメリカが同盟国の危機に関心をなくし、アメリカの危機に対してのみ行動することを示している。トランプ大統領の「アメリカ・ファースト」という主張が、アメリカの戦略に明らかに強い影響を与えているといえるだろう。したがって、「4D地政学」と「アメリカ・ファースト」で、アメリカの戦略と各国の関係の変化を検証する。

アメリカ・ファーストと
ロ　　シ　　ア

　元々、トランプ大統領は大統領選の頃から、ロシアとの「不適切な関係」が指摘されてきた。大統領選でトランプ候補（当時）を勝利させようと、ロシアがサイバー攻撃やSNSでの世論工作、選挙干渉を行ったとされた。また、トランプ候補がロシアに「対ロ制裁緩和の密約」「FBIに対する捜査妨害」「テロ関連情報の機密漏洩」を行ったとの疑惑が浮上した（*The Guardian*, 13 December 2016）。政権発足直後の2017年2

月に、マイケル・フリン大統領補佐官がこの問題に関連して辞任せざるを得なくなった。大統領の側近が次々と、「不適切なロシアとの接触」で追及された（*BBC News,* 24 August 2018）。

トランプ大統領は、次第にロシアとの関係に慎重になった。アメリカ国内で激しい批判が起きて、8月にトランプ大統領は米議会が成立させた「対ロ制裁強化法」に署名をさせられた（*The Guardian,* 2 August 2017）。

米露関係を「4D地政学」で読み解く。ロシアは、サイバー攻撃やSNSによる選挙干渉など、テクノロジーの進化でアメリカ内を直接攻撃できるようになった。隙の多い御しやすそうな人物をアメリカ大統領に当選させることに成功し、うまく操ろうとした。しかし、アメリカ国内に手を突っ込んで距離を縮めすぎたことで、ロシアはアメリカの逆鱗に触れてしまったといえる。

アメリカ・ファーストと
中　　　　　国

同様に、中国もテクノロジーを用いてアメリカ内に手を出して、アメリカの逆鱗に触れた。2018年6月、アメリカが中国製品に25％の追加関税を課す方針を発表したのを皮切りに、両国が互いの製品に追加関税をかける「貿易戦争」となった（*The Financial Times,* 11 July 2018）。

だが、貿易戦争は次第に「ハイテク戦争」に変化した。11月、中国の通信機器大手・華為技術（ファーウェイ）の孟晩舟副会長兼最高財務責任者が、アメリカの依頼を受けたカナダ当局に逮捕された（*The Guardian,* 6 December 2018）。

アメリカは、中国による知的財産侵害を問題視した。中国がサイバー攻撃などで奪ってきた知財を基に、アメリカの経済・軍事面の覇権を奪おうとするという疑念を持ってきた。そして、ファーウェイをその疑惑の中心にいる企業とみなした。アメリカは、中国共産党や中国軍とファーウェイの深い関係を疑い、ファーウェイがアメリカの通信ネットワークへの侵入などを通じて安保を脅かす可能性があるとの見方を強めた（*The Guardian,* 27 January 2019）。

米中の激しい対立も、「4D地政学」で読み解ける。従来、中国がアメリカを軍事的に攻撃するのがほぼ不可能なのに対し、アメリカはハワイ、グアムなどの太平洋上の海軍基地や、在日米軍、在韓米軍を持ち、軍事的に圧倒的に優位であった。「二次元」の地政学では、両国の距離は「固定」されたものであ

るため、アメリカの優位性は不変と考えられてきた。

　しかし中国が、中国共産党や軍と結びついているハイテク企業を使ってアメリカ社会に入り込み、アメリカの安全保障上の脅威と疑われた。これは中国が、アメリカとの空間を曲げるように距離を縮めて脅威となったことで、アメリカから厳しい攻撃を挑まれることになったと解釈できる。

アメリカ・ファーストで
アメリカとの距離が
遠くなった中東諸国　次に中東諸国である。アメリカの同盟国・サウジアラビアに対するプレゼンスが下がり、アメリカと関係の悪いイランのパワーが相対的に上がった。その結果、サウジアラビアとイランが断交した（*The Guardian*, 4 January 2016）。

　また、トランプ大統領はエルサレムをイスラエルの首都として正式に承認すると宣言する、外交政策の歴史的大転換を行い、国際社会から「中東和平を遠のかせる暴挙」であると一斉に批判された（*The Financial Times*, 6 January 2017）。さらに、トランプ大統領は「イラン核合意」から一方的に離脱を宣言し、2019年8月7日、対イラン経済制裁を再発動した（*The Financial Times*, 6 August 2019）。イラン経済は通貨安に拍車がかかり、急激に悪化している。イラン国内では「強硬派」が勢力を増している（*The Financial Times*, 30 April 2019）。

　「シェール革命」で中東の石油が必要なくなりつつあるアメリカは、アラブに気を遣わなくなった。アメリカの行動で「中東和平が遠のいた」と批判されているが、それはアメリカが中東和平に関心をなくしたからである。

アメリカは圧倒的な
石油支配力を
使い始めた　2019年に入って、アメリカが「シェール革命」で得た石油・ガスを支配する力を露骨に使い始めた。例えば、南米の主要な産油国で独裁政権のベネズエラに対するアメリカの動きだ。ベネズエラは169万％のインフレ、5年連続マイナス経済成長、3年間で総人口の1割（300万人）以上の国民が国を脱出し、5日におよぶ全国停電が起こるなど、深刻な経済危機にある。また、2019年1月以降、現職のニコラス・マドゥロ大統領とフアン・グアイド暫定大統領（国会議長）の2人の大統領が並び立つ異常な状態にある（『朝日新聞』2019年1月24日付）。

　マドゥロ政権は、現在ベネズエラが直面する経済破綻はアメリカが仕掛けた「経済戦争」のためだと繰り返し訴えている（『日本経済新聞』2018年6月4日付）。

実際、トランプ政権は2017年8月にベネズエラ政府や国営企業が発行する債権の取引や金融取引、金や仮想通貨の取引も含む金融取引にアメリカ人・法人が関与することを禁止した。その結果、マドゥロ政権が対外債務の借換えや外貨の獲得が困難になった（『日本経済新聞』2017年8月1日付）。

　また、2019年1月の石油貿易に関する制裁措置で、ベネズエラからアメリカへの石油輸入、およびアメリカからベネズエラへの石油輸出が事実上禁止された。「アメリカ依存」のベネズエラ経済は、外貨獲得源の半分近くを失った（『日本経済新聞』2019年1月30日付）。トランプ政権がシェール革命で得た圧倒的な力を使ってベネズエラ経済・社会を崩壊させたのは間違いない。

| アメリカはイランも
経済制裁だけで
抑えられる |

アメリカはイランに対しても、シェール革命で得た圧倒的な石油支配力を使っている。トランプ大統領は、2015年にオバマ政権下でイランと欧米6カ国が締結した核合意について「一方的かつ最悪な内容で、決して合意すべきではなかった。平穏や平和をもたらさなかった。今後ももたらすことはない」と完全否定し、2018年5月に離脱を宣言した（*The Guardian,* 9 May 2018）。大統領からすれば、「シェール革命」で得たアメリカの石油支配力があれば、イランの核兵器開発の可能性を完全に絶ち、屈服させることができるのに「どうしてこんな中途半端な合意で満足するのだ」ということだ。

　トランプ大統領は、オバマ前政権の政策を嫌い、地球温暖化対策のパリ協定、TPPなどを次々とひっくり返してきた。だが、イランとの核合意は、オバマ前大統領に対する感情的な反発というより、合理的な計算に基づいている。イランは、原油収入が政府歳入の約45％、輸出額の約80％を占める、典型的な石油依存型の経済構造である（藤 2017）「シェール革命」による石油価格下落は、イラン経済を直撃することになる。

　トランプ大統領は、イランへの経済制裁を強める一方で、国家安全保障担当を含む側近らに、イランとの戦争は求めないと伝えた。戦争などという「無駄な支出」をしなくても、イランを抑えることができる。

　これらの事実から、石油・ガス輸出への依存度が高い経済構造のロシア、石油・ガスの確保が最重要課題の1つである中国というユーラシアの2つのランド・パワーに対して、アメリカが「シェール革命」で得た石油支配力を容赦な

く行使する可能性は十分にあるといえる。

第4節　アメリカが取り組む、様々な国との「距離感」の再構築

> アメリカ・ファーストと
> 新たな国際関係の
> 始　　ま　　り

現在の国際社会は、アメリカがどこからも攻撃されない「新世界」である従来の地政学では解けない。ミサイル攻撃やサイバー攻撃などの技術進歩によって、空間を曲げてアメリカとの距離を縮め、直接攻撃が可能となったからだ。

　一方、アメリカは「シェール革命」で世界有数の産油国になり、世界最大の石油の輸入国から輸出国に転じている。そのため「世界の警察官」として自国と同盟国のエネルギー資源確保のための輸送路の防衛に関心をなくしつつある。世界中に展開した米軍は、次第に撤退する方向である。

　トランプ大統領のアメリカ・ファーストは、この2つの状況変化を前提としている。現在のアメリカの行動は、様々な国々との間の「距離感」を再構築するために揺さぶりをかけているのだと解釈することができる。

　どのような「距離感」が適切かは、アメリカ自身が試行錯誤を続けている。現時点でいえることは、アメリカは全世界的な軍事的・経済的なプレゼンスからは撤退する。ただし、アメリカが撤退した地域で、他国がアメリカの軍事的・経済的な国益を損なう行動を起こすことは許さない。もちろん、アメリカ国内への介入は絶対に許さない、ということだ。

　つまり、「新世界」にあるアメリカが覇権国家として世界中を支配する国際関係から、アメリカとそれぞれの国との「距離感」で国際関係が決まる、新たな世界が始まりつつあるといえるのかもしれない。

【注】
1）　スーパーメジャーは、以下の6社に集約されている。①エクソンモービル（2008年度・売上高4773億ドル）②ロイヤル・ダッチ・シェル（2008年度・売上高4584億ドル）③BP（2008年度・売上高3657億ドル）④シェブロン（2007年度・売上高2209億ドル）⑤トタル（2008年度・売上高1799億ユーロ）⑥コノコフィリップス（2007年度・売上高1885億ドル）（Yergin 1991）。
2）　例えば、ベネズエラのPDVSAは、エクソン、コノコ、トタルフィナエルフと、UAE

の ADNOC は BP、トタルフィナエルフ、アメラダフェス（マイナーメジャー）と、ナイジェリアの NNPC はシェル、エクソンモービル、シェブロン・テキサコなどと、インドネシアのプルタミナは BP、トタルフィナエルフなどと、ブラジルのペトロブラスは BP、シェルと、マレーシアのペトロナスはエクソン・モービルと、それぞれ共同開発を始めた（岩間 2010：139-170）。
3）　シェブロンはカザフスタンに（コンドリーサ・ライスがシェブロン取締役）、アモコ（後に BP と合併）はアゼルバイジャンに、コーネリアス・コンソーシアムはウズベキスタンに、USX-マラソン石油、マクダーモットはサハリンに、ペンゾイルはチュメニに、コノコ、テキサコ、オキシデンタルはコミ共和国に、それぞれ進出した。国際石油資本は、ロシアをジュニアパートナーに編入しようとしたのである（奥村他 2009：47-52）。
4）　逆に言えば、アメリカを直接攻撃できる手段を持てば、アメリカの圧倒的な地理的優位性を崩せる可能性がある。その事例が、アメリカと至近距離のキューバにソ連がミサイルを配備しようとして、アメリカをパニックに陥れた、1962年の「キューバ危機」である（アリソン 1977）。

【推奨文献】
①ロバート・D・カプラン（2014）『地政学の逆襲—「影の CIA」が予測する覇権の世界地図』櫻井祐子訳、朝日新聞出版
②ピーター・ゼイハン（2016）『地政学で読む世界覇権2030』木村高子訳、東洋経済新報社
③福富満久（2015）『G ゼロ時代のエネルギー地政学—シェール革命とアメリカの新秩序構想』岩波書店

【引用・参考文献一覧】
・グレアム・T・アリソン（1977）『決定の本質　キューバ・ミサイル危機の分析』宮里政玄訳、中央公論社
・石井彰（2007）『石油もう１つの危機』日経ＢＰ社
・岩間敏（2010）『世界がわかる石油戦略』ちくま新書
・奥村晧一・竹原美佳他（2009）『21世紀世界石油市場と中国インパクト』創風社
・カート・キャンベル（2017）『THE PIVOT アメリカのアジア・シフト』村井浩紀訳、日本経済新聞出版社
・マーシャル・I・ゴールドマン（2010）『石油国家ロシア』鈴木博信訳、日本経済新聞社。
・ニコラス・スパイクマン（2017）『スパイクマン地政学—「世界政治と米国の戦略」』渡邉公太訳、芙蓉書房出版
・ピーター・ゼイハン（2016）『地政学で読む世界覇権2030』木村高子訳、東洋経済新報社
・中原圭介（2013）『シェール革命後の世界勢力図』ダイヤモンド社
・長谷川榮一（2009）『石油をめぐる国々の角逐—通貨・安全保障・エネルギー』ミネルヴァ書房
・『ハフィントンポスト』（2014.12.17）「ルーブル暴落、1998年のロシア金融危機よりも危機的な事態になる可能性か」（http://www.huffingtonpost.jp/2014/12/17/care-about-the-

collapsing-ruble_n_6338370.html）

・広瀬隆（2004）『一本の鎖』ダイヤモンド社

・藤和彦（2017）『石油を読む：地政学的発想を超えて』日本経済新聞出版社

・藤田勉（2013）『シェール革命で日本が再浮上する』毎日新聞社

・H・J・マッキンダー（2008）『マッキンダーの地政学—デモクラシーの理想と現実』曽村保信訳、原書房

・ハンス・モーゲンソー（1963）『国際政治学—力と平和のための闘争』伊藤皓文・浦野起央訳、アサヒ社

・ポール・ロバーツ（2005）『石油の終焉』久保恵美子訳、光文社

・『REUTERS』（2014.3.7）「ウクライナ情勢一段と緊迫、クリミアがロシア編入決議」
（https://jp.reuters.com/article/l 3 n 0 m34qd-ukraine-wrapup-idJPTYEA2600A20140307）

・*BBC News*（2015.10.27）, "China says US warship's Spratly islands passage 'illegal'"
（http://www.bbc.com/news/world-asia-china-34647651）

・*BBC News*（2018.08.24）, "Jeff Sessions: US attorney general hits back at Trump"
（https://www.bbc.com/news/world-us-canada-45286906）

・Brzezinski, Z. (1997), *The Grand Chessboard: American Primacy and Its Geostrategic
Imperatives*, Basic Books.

・Hoffman, D. E. (2002), *The Oligarchs: Wealth and Power in the New Russia*,
Publicaffairs.

・Hiro, D. (2009), *Inside Central Asia: A Political and Cultural History of Uzbekistan,
Turkmenistan, Kazakhstan, Kyrgyzstan, Tajikistan, Turkey, and Iran*, Overlook
Duckworth.

・Sloan, G. (1999), "Sir Halford J. Mackinder: The Heartland Theory Then and Now" in C.
S. Gray and G. Sloan eds., *Geopolitics, Geography, and Strategy*, Frank Cass, pp.15–38.

・*The Guardian*（2014.2.28）, "Russian 'invasion'of Crimea fuels fear of Ukraine conflict"
（https://www.theguardian.com/world/2014/feb/28/russia-crimea-white-house）

・*The Guardian*（2018.5.8）, "Iran deal: Trump breaks with European allies over 'horrible,
one-sided' nuclear agreement" （https://www.theguardian.com/world/2018/may/08/
iran-deal-trump-withdraw-us-latest-news-nuclear-agreement）

・*The Guardian*（2016.1.3）, "Saudi Arabia cuts diplomatic ties with Iran after execution
of cleric" （https://www.theguardian.com/world/2016/jan/03/saudi-arabia-cuts-
diplomatic-ties-with-iran-after-nimr-execution）

・*The Guardian*（2016.12.13）, "Trump's relationship with Russia – what we know and
what comes next" （https://www.theguardian.com/us-news/2016/dec/13/donald-trump-
russia-vladimir-putin-us-election-hack）

・*The Guardian*（2017.8.2）, "Russia sanctions: Trump signs bill imposing new measures"
（https://www.theguardian.com/us-news/2017/aug/02/donald-trump-sanctions-russia-
signs-bill）

・*The Guardian*（2018.12.6）, "China furious at Huawei executive's arrest in Canada"

（https://guardian.ng/news/world/china-furious-at-huawei-executives-arrest-in-canada/）
・*The Guardian*（2019.1.27）, "Huawei's problems deepen as western suspicions mount" （https://www.theguardian.com/technology/2019/jan/27/huaweis-problems-deepen-as-western-suspicions-mount）
・*The Financial Times*（2015.3.13）, "UK move to join AIIB meets mixed response in China" （https://www.ft.com/content/c3189416-c965-11e 4 -a 2 d 9 -00144feab 7 de）
・*The Financial times*（2015.3.20）, "Aso remarks show Japan dilemma over China-led bank" （https://www.ft.com/content/836e 0 ba 2 -cec 4 -11e 4 -893d-00144feab 7 de）
・*The Financial Times*（2015.10.13）, "China's Great Game: Road to a new empire" （https://www.ft.com/content/ 6 e098274-587a-11e 5 -a28b-50226830d644）
・*The Financial Times*（2017.1.6）, "Opinion The FT View:Trump's dangerous decision on Jerusalem" （https://www.ft.com/content/17db46fc-da79-11e7-a039c64b1c09b482）
・*The Financial Times*（2018.1.11）, "US to impose tariffs on $200bn of Chinese imports" （https://www.ft.com/content/fd907b80-8493-11e8-96dd-fa565ec55929）
・*The Financial Times*（2019.4.24）, "Belt and Road debt trap accusations hound China as it hosts forum" （https://www.ft.com/content/3e9a0266-6500-11e9-9adc-98bf 1 d35a056）
・*The Financial Times*（2019.4.30）, "Iran's economy slumps as US sanctions pile on the pain" （https://www.ft.com/content/ac599cf 4 - 6 a72-11e 9 -80c 7 -60ee53e6681d）
・*The Financial Times*（2019.8.6）, "US reimposes economic sanctions on Iran" （https://www.ft.com/content/edd 8 c66e-9985-11e 8 -ab77-f854c65a4465）
・Yang, J.（2009）, "China's Competitive FTA Strategy: Realism on a Liberal Slide," in M. Solis, B. Stallings, and S. N. Katada eds., *Competitive Regionalism: FTA Diffusion in the Pacific Rim*, Palgrave Macmillan, pp.216–235.
・Yergin, D.（1991）, *The Prize*, Simon & Schuster Inc.

第III部

民族問題は資源を呪うか？

第 **7** 章

資源地政学から見た中央アジアとアフガニスタン
—— 民族的紐帯がもたらす接続性と混乱

稲垣　文昭

【要　　約】

　ハートランドの中央アジア諸国とリムランドのアフガニスタンやイランは民族的・文化的紐帯を持つが、19世紀の英露グレート・ゲームにより分断され今日に至る。ソ連解体後に本格的に始まった第2次グレート・ゲームでは、この民族的紐帯が両者の接続性を強化する一方で、アフガニスタンの混乱が民族的紐帯を通じて中央アジアに流入する「グレート・ゲームの呪い」ともいうべき状況にある。

　他方で、第2次グレート・ゲームでは、主権国家群が登場し「一帯一路」構想（BRI）を掲げる中国がロシアに代わるランド・パワーとして、イギリスからシー・パワーを引き継いだアメリカと対立している。中央アジアはエネルギーインフラ整備を通じて民族的紐帯に基づきアフガニスタンやイランとの関係強化を模索するが、アメリカはリムランドの混乱に対し消極的ともいえる。その結果、中央アジアの期待とは異なリムランドは回廊として機能せず、中央アジアはランド・パワーである中国との接続性が強化されその経済圏と一体化することが考えられる。

第1節　19世紀グレート・ゲームの呪い

ハートランドとしての
中央アジア

　地政学の顕学であるハルフォード・マッキンダーは、1919年の著書『デモクラシーの理想と現実（*Democratic Ideals and Reality*)』にて地政学上最も有名な定理「東欧を支配するものはハートランド（heartland）を制し、ハートランドを支配するものが世界島を制し、

世界島を支配するものは世界を制する（2008：177）」を示した。ハートランドとは地理的にはユーラシア大陸内陸部が該当する。本章の対象である中央アジアは正にこのハートランドに位置する地域であり、石油、天然ガスなどの化石燃料に加え鉱物資源にも恵まれる資源供給地域である。マッキンダーは、国際関係をランド・パワー（Land Power）とシー・パワー（Sea Power）の対立構図で捉え、この資源が豊富なハートランドを文字通り世界制覇のための心臓部として見なした。「グレート・ゲーム（Great Game）」と呼ばれる19世紀にランド・パワーのロシアとシー・パワーのイギリスの間で起きたハートランドの支配権をめぐる対立は、このマッキンダー（そしてスパイクマンとマハンなど）の地政学を体現するものであった。なお、中央アジアは「ロシアの裏庭」と呼ばれることもあるが、それはこのグレート・ゲームの結果としてロシアの勢力圏下に入ったことを示している。

　だが、1991年にソ連が崩壊しロシアの支配権が弱まると、中央アジアの豊富な資源をめぐり国際環境が大きく変化した。例えば、アメリカのカーター政権国家安全保障担当補佐官を務めたズビグネフ・ブレジンスキーの1997年の著作『地政学で世界を読む――21世紀のユーラシア覇権ゲーム』は、「第2次グレート・ゲーム」としてこのユーラシア大陸を巡る国際関係の変化を地政学の視座からとらえた。

　さて、本章はこのハートランドをめぐるランド・パワーとシー・パワーの角逐として第2次グレート・ゲームを改めて描き出すことを直接の目的とはしてない。本章は、ハートランドの小国群である中央アジアの視点から、地政学上の地域秩序を描くことが目的である。とくに、アフガニスタンやイランが回廊（Corridor）として中央アジアにシー・パワーとの接続性（connectography）を提供しうるかを検証し、中央アジアにおけるランド・パワーの影響力が強くあらざるを得ない現状を明らかにする。

英露グレート・ゲームの呪い：民族的紐帯の再生と混乱

中央アジアと海を接続する回廊は、地政学上リムランド（Rimland）と呼ばれてきた。中央アジアをめぐってのリムランドはアフガニスタン、イラン、パキスタンの3カ国であり、シー・パワーとランド・パワーがせめぎ合ってきた地域といえる。そして、本章はその3カ国の中でも接続性の観点から中央アジアと直

接交流可能な国境を接しているアフガニスタンおよびイランの2カ国に特に焦点をあてる。さて、19世紀末のグレート・ゲームは「英露協商」（1907年）でイランやアフガニスタンをイギリス、中央アジアをロシアの勢力圏とすることで終結した。[1] つまり、アフガニスタンと旧ソ連中央アジア3カ国（トルクメニスタン、ウズベキスタン、タジキスタン）との国境がグレート・ゲームで画定したのである。マッキンダー的な分類に従えばハートランドがランド・パワー、リムランドがシー・パワーの勢力圏として固定されたといえる。つまり、「ソ連アフガニスタン侵攻」（1979年）は、ランド・パワーがこの勢力圏の変更をシー・パワーに求めた動きといえる。

なお、この国境画定は当事国にとっては近代国家幕開けも意味した。[2] 例えば、アフガニスタンは、長い歴史を経てアフガン人というアイデンティを共有するに至った集団が民族自決の原則に基づき建国した国家ではない。むしろ、グレート・ゲームで画定した国境内に偶然居住した諸民族（パシュトゥン系、タジク系、ハザラ系、ウズベク系など）が、大国主導で策定された国境にそって「アフガン国民」としてのナショナル・アイデンティティを共有・強化していくことが求められたといえる。

さらに、これら諸民族は歴史的にアフガニスタンと中央アジアの各国境を横断する形で居住していた。つまり英露協商はこれら民族を分断した。例えば、アフガニスタン北部にはタジク系が多数居住しているが、約1400kmの国境が出現したことでタジキスタン側との交流が途絶し、その交流が復活するには「ソ連アフガニスタン侵攻やソ連解体（1991年）を経ねばならなかった。ソ連解体直後のタジキスタン内戦（1992-2000年）では、タジク系のアフマド・シャー・マスード率いるアフガニスタン北部同盟がタジキスタンの反政府勢力をかくまい、タリバン伸長後は北部同盟がタジキスタンを拠点とするなど交流が活発化した。だが、このことは両国のタジク人が同胞意識を共有していることだけではなく、混乱が容易に国境を越える危険性をも示している。

アフガニスタンの現状を考えればグレート・ゲームで作られた人工国家の国民統合のつまずきから生じた混乱が伝統的な紐帯を通じてハートランドに流れ込む可能性を示している。また、民族的紐帯が国境を超えた接続性を再生、強化する一方で、国内の社会的亀裂として接続性を阻害する要因にもなっている

その様子は、さながら「グレート・ゲームの呪い」といえる。つまりグレート・ゲームの結果出来上がった秩序形態が制度疲労を起こし揺れ動いているのが第2次グレート・ゲームである。

第2次グレート・ゲームについてカルダー（2013）は資源に着目し、「領土的に近接する国々の大陸的なスケールでの経済的・政治的統合を促進する社会的・経済的政策（カルダー2013：26）」を大陸主義（Continentalism）と定義した。その上で、カルダーは、エネルギー相互依存の深化に伴い、社会・文化的に異質な国々の連携がユーラシア大陸で進んでいるとしてランド・パワーの動きに注目している。BRI に示される中国の進出は、まさにこのカルダーの指摘を示している。つまり19世紀のグレート・ゲームは不凍港を求め南進するロシアと南アジアを支配するイギリスの間の南北軸による対立であり、ハートランドの南端である中央アジアとリムランドが主たる係争地となった。だが、第2次グレート・ゲームはエネルギー確保と欧州との接続性を求める中国がランド・パワーとして東から台頭してきたことで東西の軸も重要となった（秋野 2000）。そして周知の通りイギリスはシー・パワーの座をすでにアメリカに譲っており、ハートランドをめぐるシー・パワー対ランド・パワーの角逐は、国際情勢同様にアメリカ対中国の構図が軸となっている。この東西軸の登場だけではなく、当該地域に独立主権国家が複数登場したことで第2次グレート・ゲームは第1次グレート・ゲームより複雑になった。

ただし、「カーター・ドクトリン」（1980年）のようにこの地域を地政学の視座から捉えることはソ連解体以前に途絶えることなく続いていたことにも留意が必要である。

ブレジンスキーが関与したカーター・ドクトリンは「域外勢力によるペルシャ湾岸地域の支配権の強化の試みは、アメリカが死活的利益への攻撃と見なし、軍事力を含むあらゆる必要な手段をもって排除する」と中東地域に対するアメリカの利益保護についての明確な立場を示しアメリカの中東政策の基本方針にもなった。このドクトリンは、その前年に起きた「イラン・イスラム革命」（1979.1）と「ソ連アフガニスタン侵攻」（1979.12）へのアメリカの反応である。

特に後者について、アメリカは西側経済のエネルギー供給地としての中東地域を勢力圏とするソ連の意志の発露と捉えた（室山 1997；松山 2004）。このように1979年から第2次グレート・ゲームが徐々に幕を開け、アフガニスタンやイランがシー・パワーとランド・パワーのせめぎ合うリムランドとして再度重要な地域となった。

第2節　中央アジアの化石燃料輸出戦略と南アジア

┌─────────────────┐
│ 難　　し　　い │
│ イランの立ち位置： │
│ 不 確 実 な 接 続 性 │
└─────────────────┘
ここではハートランドたるトルクメニスタンとリムランドたるイランの関係を事例に中央アジアの南側の出口としてのイランの可能性について考えてみる。トルクメニスタンはカタール（24.7兆㎥）に次ぐ世界第4位の天然ガス埋蔵量（19.5兆㎥）を誇る天然ガス大国であり（BP 2019）、イランと中央アジアで唯一国境（1148km）を接する国である。つまり、他の4カ国にとりトルクメニスタンはイランへの回廊である。

　トルクメニスタンのガス田はソ連時代に開発されたため、北のロシア経由以外で国際市場に輸出するルートを持たなかった。つまり、トルクメニスタンが天然ガスの輸出量を拡大するにはロシアからパイプライン輸送割り当てを確保する必要がある。だが、世界第1位の天然ガス埋蔵量を誇るロシア（38.9兆㎥）は、当然ながらトルクメニスタンよりも自国産天然ガスの欧州向け販売を優先する（輪島、2004）。例えば、1994年にロシアはトルクメニスタンからのガス調達を一時停止している（原田 2014）。そのため、トルクメニスタンが南側を新たな天然ガス輸出路として重視するのは当然であった。そして最初に実現したのがイラン向けのパイプライン建設であった。1997年12月からトルクメニスタン西部のコルペゼ（Korpedzhe）からイラン北部のクルト・クイ（KurdKui）を結ぶ総延長135km（輸送量は80億㎥／年）が完成し、イラン向けへのガス供給が開始された。さらに、2010年にはダウレタバード（Dauletabad）〜サラフス（Seravs）〜ハンゲラン（Khangeran）を結ぶ全長30.5km（輸送量：120億㎥）が稼働している（原田 2014）。

　しかしながらイランは地理的にはリムランドに位置するが、世界第2位とな

る31.9兆㎥（BP 2019）の天然ガス埋蔵量を誇る資源大国でもある。ただしイランのインフラは沿岸部に集中しているため、トルクメニスタン産ガスを北部地域供給を目的に受け入れた。だが、両国の関係は必ずしも良好ではなく、2017年1月には15億ドルの債務を理由にトルクメニスタンは対イラン向けのガス供給を停止した。輸出の面ではロシアと同様にトルクメニスタン産のガスはイランのライバルとなる。また何よりも、イランはシー・パワーであるアメリカと対立関係あることも課題であり、中央アジアの国際市場への十分な接続性を提供できないという問題がある。

TAPIパイプライン：
ソ連撤退後のアメリカ
のアフガニスタン進出

イランとともにトルクメニスタンが模索する南側への天然ガス・パイプライン計画がTAPIである。起点のトルクメニスタンに加え通過国であるアフガニスタン、パキスタン、インドの頭文字をとる1814kmにおよぶ同パイプライン計画の初期段階には、アメリカが深く関与していた。TAPIの母体となるプロジェクトの1つは、国際コンソーシアム「セントガス」が進めた「アフガニスタン横断パイプライン（TAP）」計画である。そのセントガスの中心企業は米石油会社「ユノカル」であった。米クリントン政権もTAP計画を支持し、セントガスとタリバンとの交渉を後押しした。クリントン政権の支援を受けたセントガスはタリバンとパイプライン建設で合意した。このクリント政権およびユノカルによるソ連軍撤退後のアフガニスタンでの動きは、シー・パワーであるアメリカによるランド・パワーロシアの封じ込め的な動きとして受け取られるものであった（ラシッド 2000）。ソ連アフガニスタン侵攻をソ連による中東進出の一端として警戒したカーター・ドクトリンの文脈で捉えれば、ソ連撤退後のアフガニスタンを取り込むだけではなく、ハートランドの一部であるトルクメニスタンとの関係強化の意図をアメリカが持っていたと第三者が捉えるのは当然である。

アフガニスタンは
回廊か戦場か

だが、クリントン政権はその後大きく方針転換を行う。アル・カーイダがケニアおよびタンザニアのアメリカ大使館を標的とした爆破事件（1998.8.7）を起こすと、クリントン政権はアフガニスタンとスーダンに巡航ミサイルによる報復攻撃を実施（1998.8.20）、ユノカルもTAP計画を破棄し撤退した。シー・パワーのアメリカにとりアフ

ガニスタンはハートランドへの回廊から対テロ戦争の戦場へと転じたのである。

　以後、アフガニスタンの混迷とともに TAP 計画は事実上終焉したかに見えたが、当事国らにより TAPI として継続され継続的に運営委員会合が開かれていた。そして、第3節で述べる通り2011年にはアメリカが TAPI への再関与を決め、2016年にはトルクメニスタンにて関係国が集まり起工式も開催された。つまり、シー・パワーにとっては回廊ではなく戦場と化したアフガニスタンであるが、ハートランドのトルクメニスタンにとっては国際市場の接続性を担保する重要な回廊であり続けた。そして、TAPI はその接続性ゆえに再びアメリカの支援対象となった。

第3節　アフガニスタン安定化のための資源

内陸国家中央アジアの　　　2015年10月に開催された第23回 TAPI 計画運営員会
エネルギー資源活用　　　会合で建設・運営会社設立が合意され、同年12月には
関係国代表が参加する形で TAPI パイプライン起工式がトルクメニスタンのマリで開催された。さらに翌2016年1月には、先の合意に基づき、トルクメンガス、アフガンガス、パキスタンのインター・ステート・ガス・システム(ISGS)、インドのガス供給公社 GAIL の4社が資本参加する形で、TAPI の建設・運営会社「ガルクィヌィシュ―TAPI パイプライン会社（Garkynysh-TAPI Pipeline Limited Co.)」がドバイに開設された。このように建設総額100億ドル、輸送能力330億㎥／年（対アフガンが50億㎥、パキスタンとインドにそれぞれ140億㎥）のプロジェクトがハートランドとリムランドの国が中心となり再度動きだした。その背景の1つに、天然ガス輸出経路を多様化したいトルクメニスタンと、経済発展による安定化を図るアフガニスタン、さらなる経済発展のためにボトルネックとなっている資源供給を強化したいパキスタンとインドのそれぞれの思惑の一致がある。

　さて、周知の通りアフガニスタンは世界有数の芥子（アヘン、ヘロインの原料）生産地の1つである。少々古いが2010年のアフガニスタンの芥子栽培量は前年比61％増の5800トンと推計されている（UNINCB 2012）。世界的な麻薬撲滅のた

めには、アフガニスタン農村部の開発や軽工業の発展により農業従事者が芥子以外の収入源を得る環境を整備することが必要となる。それには、安価で安定的なエネルギー供給が不可欠となる。天然ガスを供給する TAPI パイプラインは当然ながらこの目的に合致するものであり、アフガニスタンを中央アジアと国際市場やシー・パワーと接続するための回廊として安定化させる手段の1つである。

アフガニスタン安定化の為の電力市場創設：アメリカの新たな関与

アフガニスタンの芥子栽培撲滅には、産業化による雇用創出が1つの課題である。だが産業化に不可欠な電力供給は内戦と運用上の課題により不安定なままである。2013年時点でアフガニスタンの電化率は30％に過ぎず、73％の電力を輸入している（Liston 2014）。特に電力供給が不十分な農村部は、太陽光パネルと蓄電池の組み合わせたオフグリッド電源や木片、石炭、灯油など各種燃料を用いざるを得ない。電力供給がアフガニスタンの課題であることは、アフガニスタン政府作成『アフガニスタン国家発展戦略（ANDS）』に含まれる「州発展計画（PDPs）」の8割が電力に関する言及であることからも理解できる（Hallett 2009；ANDSS 2008；稲垣 2014）。そして、このアフガニスタンへのエネルギー供給元として期待されるのが中央アジアであり、TAPI パイプラインも同文脈で捉えられる。当然ながら中央アジア諸国もアフガニスタン安定化を安全保障上の喫緊の課題と捉えている。つまり、アフガニスタンと中央アジア双方の利益が一致している。だが、中央アジアもアフガニスタンも途上国であり技術的にも資金的にもその整備には国際社会の支援が不可欠である。言い換えれば、ハートランドとリムランドが推進するアフガニスタンのエネルギー・インフラの復興プロジェクトへのシー・パワーやランド・パワーの関与の仕方でその影響力が見えてくる。また、この文脈で考えると資源がパワー・ゲームの争奪対象ではなく、対象地域を安定化させ自陣と一体化させる手段であるといえる。

アフガニスタンへの電力供給：ADB の撤退とアメリカの参画

しかしながら、これらのプロジェクトを主に支援しているのは特定の国家よりも国際機関となる。例えば、アジア開発銀行（ADB）は、2003年以来、アフガニスタンの電化率を30％から83％に増加すべく、トルクメニスタン（T）、ウズベキスタン（U）、タジキスタン（T）の3カ国からアフガニスタン（A）、パキスタ

ン（P）へ電力供給を行う電力接続計画「TUTAP」を支援してきた（ADB 2017.11.20）。また、アフガニスタン、タジキスタン、キルギス、パキスタンからなる「中央アジア・南アジア地域電力市場（CASAREM）」の創設にも取り組んできた。同電力市場は、ADBだけではなく、欧州復興開発銀行（EBRD）、国際金融公社（IFC）、イスラーム開発銀行（IsDB）、世界銀行などの国際金融機関の支援を受けたものであり、その中心的なプロジェクトの1つがキルギスとタジキスタンからアフガニスタンとパキスタンへの電力供給を計画した「中央アジア・南アジア送電・電力取引計画（CASA1000）」である（図7-1）。CASA1000計画は世界銀行とADBが共同で出したものであるが、ADBは同計画への資金拠出を停止し撤退した。その理由は、ウズベキスタンがタジキスタンの水力発電所計画を促進するものとして強く反対したことがある。ウズベキスタンとタジキスタンは、水資源の配分をめぐり長らく対立しており、特にウズベキスタンはタジキスタンの水力発電施設が自国の農業用水確保を困難に

図7-1　CASA1000計画図

出典：http://www.casa-1000.org/MAPR 9.jpg

するとして強く反対していた。ADBはこの対立関係に関与することを避けるために撤退したのである（Asia-Plus 2011.12. 6）。ADB の撤退により、CASA1000は機能不全に陥るかと思われたが、アメリカが「新シルクロード戦略」の一環として関与することとなった。

新シルクロード戦略とアメリカの思惑「新シルクロード戦略」は、2011年 7 月10日にヒラリー・クリントンアメリカ務長官が訪問先のインドで発表したアメリカの対中央アジア戦略である。同戦略は、アフガニスタンを含む南アジアと中央アジアを一体として捉え、アフガニスタン復興を「援助から貿易」へとシフトさせることが軸となっていた。インドでこの戦略を発表したことは、アメリカが地政学的な視点からアフガニスタンと中央アジアを一体として捉えていることを示している。ただし、それは「貿易」を軸として一体的な市場を生み出すという点で、経済的な接続性を重視したものといえる。

そして、その新シルクロード戦略の中心的な政策が「TAPI パイプライン」と「CASA1000」プロジェクトである。そもそもアメリカ国際開発庁（USAID）は2000年以来、南アジアにおけるエネルギー貿易、エネルギー市場の創設、地域レベルでのクリーンエネルギー開発を主な目的とした「エネルギーのための南アジア地域イニシアチブ（SARI/Energy）」を進め、中央アジアと南アジアを一体化した電力供給網整備によるエネルギー問題の解決に取組んでいため、CASA1000への支援は順当といえるものであった。なお、タジキスタンからアフガニスタンへの送電は2011年10月27日から開始され、2012年上半期にはその供給量は 1 億9000万 kWh に達するなど電力供給についてはその接続性は強化されつつある。このように中央アジアとアフガニスタンはエネルギー供給で接続性を強化しつつある。また、安全保障の観点だけではなく、タジキスタンとアフガニスタン北部の民族的紐帯がこの接続性を促進している一因であることも無視できない。

第 4 節　資源から見たアフガニスタンと中央アジア

新たな資源通商路は生まれるのかでは、アフガニスタンは中央アジアと接続性についてどのように捉えているのだろうか。ガニ・アフガニス

タン大統領は、2014年の選挙戦において100万人規模の雇用創出を含める経済関連の公約を提示したが、その政策の１つがアフガニスタンをアジアの十字路として中央アジアと南アジアを結ぶ結節点とすることであった（BBC 2019.6.22）。だが、2016年５月には、その中央アジアとアフガニスタン、そして南アジアを一体化させるプロジェクトの１つである TUTAP のルート変更をめぐり大規模な抗議デモが起きている。TUTAP は、2013年のフィージビリティスタディの結果を踏まえて2015年から ADB が資金援助するプロジェクトであるが、2016年５月にバーミヤーンからサラン峠経由にルートが変更されたことでバーミヤーンのハザラ人たちが激しい抗議運動を展開したのである。

エネルギー・インフラの通過地域となることは、エネルギー確保がより容易になること示す。これは国家だけではなく国家内の地方においても同様である。国内情勢の不安定化は円滑な国際支援や海外直接投資を阻害するものであり、結果としてインフラ建設を遅らせることとなる。これは CASA1000 を促進した一因である民族的紐帯が、接続性を阻害する要因となる一例といえよう。その点で、長い内戦で民族間の対立が残るアフガニスタンにおけるインフラ構築は特定の集団に利益が偏らないような配慮が求められる難しさがある。

遠ざかるアメリカ

繰り返しになるがアメリカの「新シルクロード戦略」が示す通り、アメリカは中央アジアをアフガニスタンと一体で捉えている。それは地政学的な軍事的プレゼンスの維持から TAPI パイプラインや CASA1000 など中央アジアとアフガニスタンの接続性に焦点をあてた地経学的なアプローチへの変化といえる。なお、クリントンの後任であるケリー国務長官は、2015年11月に中央アジア５カ国（C5）とアメリカの多国間枠組みである「C5＋1」を立ち上げた。その共同声明では、アフガニスタン情勢は依然として地域全体の安全保障や安定における重大な要因であり続けているとの認識に立ち、アフガニスタンが独立した平和な繁栄国家へと発展するための支援を行う」ことが謳われており、やはり中央アジアをアフガニスタンと一体的な文脈で捉えていることがうかがえる。また、周知の通りオバマ政権はそれに先立つ2015年７月にイランと核合意を結んでいる。

このオバマ政権下でのアメリカのイランおよびアフガニスタン政策は、シーパワーであるアメリカ、そのアメリカが供給する自由貿易体制と中央アジアと

の接続性を増すものであった。だが、周知の通り2017年に誕生したトランプ政権はイラン核合意から離脱し、アフガニスタン政策についても新シルクロード戦略のようにアフガニスタンと中央アジアの接続性を強化する政策はみられない。このことはアメリカと異なるパワーのプレゼンスを強化するか、パワー不在となりリムランドであるアフガニスタンの混乱がさらに継続することとなる。

ランド・パワーの移行:
ロシアの弱体化と
中国の台頭

さて、第1次グレート・ゲームの結果、ロシアの裏庭となった中央アジアは伝統的に経済インフラだけではなく、文化的結びつきからもロシアと統一された「経済空間」を形成してきた。また、カザフスタン、キルギス、タジキスタンの3カ国はロシア（およびベラルーシとアルメニア）と「集団安全保障条約機構（CSTO）」を形成しロシア製の兵器を利用するなど、ブザン（Buzan 1991）が指摘する地域安全保障複合体（RSC）の観点から見るとロシアの影響下にある。安全保障面でも対露依存度が高い。

だが、経済面ではロシアの影響力は低下しつつある。例えば国家歳入の40〜60％を出稼ぎ労働者のロシアからの送金が占めるタジキスタンは、ロシア主導のユーラシア経済同盟（EAEU）への加盟には消極的である。他方で、中国のBRIは全ての中央アジア諸国が受け入れている。例えば、輸出入の両面において中国は中央アジアの重要な貿易相手国である（表7-1および表7-2）。さらにはその対露輸出依存度は2000年の22.9％から2017年の8.8％に減少する一方で、対中依存度は2000年の4.5％から2017年の20.1％に増加し、中央アジアの貿易におけるロシアと中国の立場が逆転したことが理解できる（経済産業省2018）。この変化の一因が中国の天然ガス輸入量の約75％を占めるトルクメニスタンであり、トルクメニスタンの対中輸出依存度も2007年の0.8％から2017年83.6％へと急激な伸びを示している（経済産業省 2018）。これは、南側の回廊が機能していないトルクメニスタンの現状を考慮すれば当然の結果である。

しかも、中国の中央アジアにおけるエネルギー分野への影響力は輸入だけではない。例えばタジキスタンが2011年にエネルギー分野で受けた国際支援の70.8％（3880万ドル）は中国である（稲垣 2016）。中国は2006年に送電網整備を支援して以降、石油・天然ガスが不足するタジキスタンのエネルギー分野に積

表7-1　中央アジア各国の輸出相手国（100万㌦）上段2016/下段2017年

	第1位	第2位	第3位	第4位	第5位
カザフスタン	イタリア (7,481.66)	中国 (4,228.41)	ロシア (3,4451.18)	オランダ (3,255.80)	スイス (2,442.79)
	イタリア (8,670.25)	中国 (5,773.39)	オランダ (4,748.18)	ロシア (4,479.32)	スイス (3,100.69)
キルギス	スイス (648.02)	カザフスタン (151.15)	ロシア (145.21)	ウズベキスタン (125.07)	トルコ (89.98)
	スイス (489.26)	カザフスタン (266.19)	ロシア (265.23)	英国 (191.17)	ウズベキスタン (146.29)
タジキスタン	トルコ (215.60)	ロシア (133.73)	中国 (114.17)	スイス (75.75)	イラン (50.54)
	トルコ (262.79)	中国 (169.00)	ロシア (127.92)	スイス (119.67)	アルジェリア (78.04)
トルクメニスタン	中国 (5,248.39)	イタリア (398.71)	トルコ (398.58)	アフガニスタン (335.28)	ロシア (312.46)
	中国 (6,202.95)	トルコ (380.71)	イタリア (120.67)	ジョージア (112.82)	バングラデシュ (112.47)
ウズベキスタン	スイス (2,701.52)	中国 (1,515.97)	ロシア (716.26)	トルコ (669.14)	カザフスタン (554.52)
	不明 (3,466.46)	中国 (1,590.49)	ロシア (1,527.35)	カザフスタン (991.31)	トルコ (833.51)

出典：IMFのデータを元に筆者作成

写真7-1　中国の支援で建設されたドゥ
　　　　シャンベ第2熱電併給所

出典：2014年1月15日筆者撮影

極的に支援・投資しており2014年には石油・天然ガスが不足するタジキスタンに石炭火力発電所（ドゥシャンベ第2熱電併給所）を建設した（写真7-1；稲垣 2016）。アメリカがADBに代わり支援するCASA1000についても、資金は提供していないが受注業者の多くは中国企業となっている。ロシアがタジキスタンにおいて行ったエネルギー分野の支援は

表7-2　中央アジア各国の輸入相手国（100万㌦）上段2016/ 下段2017年

	第1位	第2位	第3位	第4位	第5位
カザフス タン	ロシア (9,288.31)	中国 (3,668.03)	ドイツ (1,442.64)	米国 (1,277.05)	イタリア (835.73)
	ロシア (11,336.45)	中国 (4,691.46)	ドイツ (1,478.88)	米国 (1,253.31)	イタリア (944.97)
キルギス	中国 (1,464.96)	ロシア (799.82)	カザフスタン (635.55)	トルコ (190.78)	米国 (153.61)
	中国 (1,493.69)	ロシア (1,232.49)	カザフスタン (520.30)	トルコ (224.85)	ウズベキスタン (163.61)
タジキス タン	ロシア (1,203.81)	カザフスタン (684.74)	中国 (373.76)	ウズベキスタン (200.81)	イラン (198.87)
	ロシア (1,179.00)	カザフスタン (577.45)	中国 (288.98)	ウズベキスタン (144.92)	イラン (111.61)
トルクメ ニスタン	トルコ (1,315.96)	ロシア (604.81)	日本 (430.19)	ドイツ (411.51)	韓国 (392.12)
	トルコ (1,100.26)	アルジェリア (652.86)	ドイツ (436.99)	中国 (403.24)	ロシア (364.90)
ウズベキ スタン	中国 (2,182.64)	ロシア (2,082.95)	韓国 (1,025.82)	カザフスタン (980.71)	トルコ (565)
	中国 (2,700.64)	ロシア (2,564.17)	韓国 (1,156.71)	カザフスタン (975.27)	トルコ (594.49)

出典：IMF のデータを元に筆者作成

2004年に対露債務の代償として実施されたサングトゥーダ第1水力発電所のみであることからも、タジキスタンのエネルギー分野における中国のプレゼンスが増大していることが理解できる。

ハートランドの内陸国から見た地政学上の課題

マッキンダーは、『地理学から見た歴史の回転軸（*The Geographical Pivot of History*）』（1904）で、日本か中国がロシアの代わりにハートランドを支配する場合、両国が大陸の資源を保有するだけではなく、海洋へのアクセスを持つが故に世界の自由が脅かされると述べている。BRIでランド・パワーとしての影響力を拡大し、海洋進出能力を強化する今日の中国の外交政策は、まさにイギリスとアメリカが維持してきた自由主義への挑戦と言えるものであり、マッキンダーが

20世紀初頭に予見した状況が1世紀を経て出現しつつあるといえる。

　なお鉄道の発達やパイプラインの整備により石油、天然ガスなど化石燃料資源だけではなく鉱物資源の輸送量も飛躍的に伸びたが、これら重厚長大なインフラの建設・維持には一定の市場規模と資金が不可欠である。つまり、第1次グレート・ゲーム後にロシアが中央アジアの各種インフラを構築してきたように、その建設維持費の負担が可能なランド・パワーの存在が不可欠である。第2次グレート・ゲームにおいてその役割を担うのがBRIを掲げる中国である。実際、トルクメニスタンと中国を結ぶ天然ガスパイプラインは中国が建設したものである。これら地上インフラは供給地と消費地を固定化させるため、資源消費地としてのランド・パワーと資源供給地としてのハートランドを一体的な経済圏とする接続性となっている。

　だが、これらインフラは供給元にとっては供給先、消費地にとっては供給元の多様化を阻害する。多様化には海上輸送による自由貿易市場への接続が必要である。それ故に、内陸国である中央アジアには回廊たるリムランドのアフガニスタンやイラン情勢の安定化が不可欠となる。だが、シー・パワーであるアメリカの国際場裏での影響力低下により、その回廊の安定化が困難となっている。結果として中央アジアは、新たなランド・パワーである中国への依存度を強めざるを得ないのが現状である。ただし、中国依存度を高めシーパワーと回廊の必要性が低くなっても、中央アジア諸国はアフガニスタンへの支援を民族的紐帯や安全保障の観点から継続する。その支援に中国が協力すれば、これらリムランドも中国の経済圏と一体化していくこととなる。混乱が収束しない場合は、中央アジアは再度国境が閉ざすことになり、リムランドのアフガニスタンはシー・パワーとハートランドを接続する回廊ではなく分断の要害となる。

【注】
1）　なお、ロシア帝国とイランとの国境は第2次ロシア＝ペルシャ戦争（1826-28年）の結果、「トルコマンチャーイ条約」で決定していたが、英露協商ではイラン北部をロシア帝国、同南部をイギリスの勢力圏と取り決めてもいる。但し、1917年のロシア革命で成立したソビエト政権はイラン北部の利権を放棄している。
2）　今日の中央アジア諸国の国境は、この英露協商後となるソ連時代の1920年代から1930年代に設置されたソ連構成共和国としての国境線（行政区分線）を基としている。

3） ただし、2016年9月に対タジキスタン強硬派のカリモフ・ウズベキスタン大統領が逝
去すると、後任のミルジョエフ大統領はタジキスタンの水力発電所建設を容認するなど
ウズベキスタンとタジキスタンの関係は好転している。これは、ウズベキスタンがエネ
ルギー不足に陥り隣国とのエネルギー協力が不可欠となったことが一因として考えられ
る。

【推奨文献】

①Z・ブレジンスキー（2003）『地政学で世界を読む—21世紀のユーラシア覇権ゲーム』山
岡洋一訳、日本経済新聞社

②ケント・E・カルダー（2013）『新大陸主義—21世紀のエネルギーパワーゲーム』杉田弘
毅訳、潮出版社

③稲垣文昭（2016）「移行期にある中央アジアのエネルギー安全保障」櫻川明巧他『安全保
障と国際関係』内外出版、123-165頁

【引用・参考文献一覧】

・秋野豊（2000）『ユーラシアの世紀—民族の争乱と新たな国際システムの出現』日本経済
新聞社

・アハメド・ラシッド（2000）『タリバン—イスラム原理主義の戦士たち』坂井定雄・伊藤
力司訳、講談社

・稲垣文昭（2014）「中央アジアとアフガニスタン—電力供給プロジェクト『CASA1000』
について」『国際情勢紀要』No.84, 263-272頁

・岡田晃枝「トルクメニスタンの対外政策—ロシアとの天然ガス売買交渉を事例として」『国
際政治』138号、100-116頁

・高坂正堯（1967）「地政学者マッキンダーに見る二十世紀前半の権力政治」『法学論叢』
81巻5号、1-30頁

・経済産業省（2018）『平成30年度版 通商白書』

・原田大輔（2014）「20XX年、トルクメニスタンのガスは海を越えて輸出されるだろうか?
—トルクメニスタンの最近の情勢と内陸に位置する豊富な天然ガス資源の輸出方法につ
いての考察—」『石油・天然ガスレビュー』48巻1号、JOGMEC、77-110頁

・H・J・マッキンダー（2008）『マッキンダーの地政学—デモクラシーの理想と現実』曽村
保信訳、原書房

・松山泰行（2004）「アメリカの対中東政策と日本—対中東『ブッシュ・ドクトリン』の日
本へのインプリケーション」『石油技術協会誌』69巻1号、55-64頁

・室山義正（1997）「冷戦後の日米安保体制—『冷戦安保』から『再定義安保』へ」『国際
政治』第115号、126-143頁

・輪島実樹（2004）「カスピ海・エネルギー資源を巡る国際関係の展開—第1段階」『国際
政治』138号、72-99頁

・ADB（2017.11.20）, *News Release: ADB Supports Afghanistan to Boost Energy Supply.*
（https://www.adb.org/news/adb-supports-afghanistan-boost-energy-supply）

- ANDSS（2008）, *Afghanistan National Development Strategy 1387-1391 (2008-2013): A strategy of security, governance, economic growth and poverty reduction*, Islamic Republic of Afghanistan, April 2008, pp.77-85.（http://www.undp.org.af/publications/KeyDocuments/ANDS_Full_Eng.pdf）
- Asia-Plus（2011.10.26）, "Официальный пуск ЛЭП Сангтуда-Пули Хумри состоится завтра."（http://www.news.tj/ru/news/ofitsialnyi-pusk-lep-sangtuda-puli-khumri-sostoitsya-zavtra）
- Asia-Plus（2011.12.6）, "АБР изучает вопрос об участии в проекте CASA-1000."（http://news.tj/ru/news/abr-izuchaet-vopros-ob-uchastii-v-proekte-casa-1000）
- Asia-Plus（2012.6.7）, "Rahmon promised Karzai to supply 700 megawatt of electricity to Afghanistan in 2012."（http://news.tj/en/news/rahmon-promised-karzai-supply-700-megawatt-electricity-afghanistan-2012）
- Asia-Plus（2012.7.26）, "Барки точик" поставляет Афганистану 2,4 млн. к Втч ежесуточно."（http://news.tj/ru/news/barki-tochik-postavlyaet-afganistanu-24-mln-kvtch-ezhesutochno）
- BBC（2019.6.22）, "Afghan leader's 'failed' economic strategies," *BBC Monitoring South Asia-Political*.
- BP（2019）, *BP Statistical Review in World Energy 2019*, June.
- Buzan, Barry（1991）, *People, States and Fear: An Agenda for International Security Studies in the Post-Cold War Era*, 2 nd edition, Harvester Wheatsheaf.
- Liston, Jim（2014）, "Central Asia-South Asia Electrical Connectivity."（https://csis-prod.s3.amazonaws.com/s3fs-public/legacy_files/files/attachments/Wash%20DC%20June%202014%20%20Joint%20ADB%20and%20WB.pdf）
- Mackinder, Halford（1904）, "The Geographical Pivot of History" *The Geographical Journal*,（23）4, pp.421-437.
- UNINCB（2012）, *Reports of International Narcotics Control Board in 2011*, United Nations: New York, January 2012.
- Hallett, Michael（2009）, "Distributed power in Afghanistan: The Padisaw micro-hydro project," *Renewable Energy*, vol.34, pp.2847-2851.
- Oil and Gas Complex of Turkmenistan（2016.1.18）, "The office of consortium "Galkynysh – TAPI Pipeline Company Limited" will be opened in Dubai."（http://www.oilgas.gov.tm/en/blog/124/the-office-of-consortium-galkynysh--tapi-pipeline-company-limited-will-be-opened-in-dubai）
- USAID（2014）, *South Asia Regional Initiative for Energy Integration*（SARI/EI）（https://sari-energy.org/oldsite/article/SARI_Energy_brochure.pdf）

第8章

ラテンアメリカにおける資源通過と紛争

——ボリビアの天然ガス輸出計画と社会紛争

浦部　浩之

【要　約】
　南米の内陸国ボリビアには豊富な天然ガスが存在する。2003年、当時の政権は隣国チリの太平洋岸までパイプラインを敷設し、北米市場向けに天然ガスを輸出する計画を発表した。ところがこれに反対する抗議行動が多くの死傷者を出す社会紛争に発展し、大統領は辞任・亡命に追い込まれた。ボリビアは19世紀にチリとの戦争に敗れ、海岸部の領土を奪われたとの歴史があり、国民の間に反チリ感情が強い。そのことと豊かな資源の利益が外資や一握りの資本家層のみに独占されることへの反発とが結びつき、大衆の怒りに火がついたのである。その後に成立した左派の政権は、天然ガスの国有化に踏み切り、南米諸国をパイプラインで環状につないでエネルギーの相互安定供給を図るとの域内諸国で検討されていた構想は大きく後退することになった。
　一連の出来事は、「資源は誰のものか」という問題をあらためて問いかけた。この問いは百年以上にわたり続いており、資源開発に関する発展モデルは、国家が管理するべきか市場に委ねるべきかをめぐり、大きく振幅してきた。本章は、「ガス紛争」と呼ばれる2003年の出来事とその後の政治の展開を手がかりに、ラテンアメリカの資源地政学の構図について考察する。

第1節　ラテンアメリカにおける資源地政学の歴史的位相

「ガス戦争」の問いかけ　2003年8月、南米大陸の内陸国ボリビアで「ガス戦争」(Guerra del Gas) と呼ばれる社会紛争が発生した。きっかけはボリビアからチリへの天然ガス・パイプライン建設計画に対する市民の怒りである。天然ガスはボリビア最大の輸出品であり、政府は米系企業を誘致してその開発を進め、チリの太平洋岸までパイプラインを敷設して北米市場に輸出する経済成長戦略を練っていた。ただ、ボリビアは19世紀末にチリと戦った「太平洋戦争」(Guerra del Pacifico) に敗れ、海岸部の広大な領土を失って内陸国として閉じ込められたとの歴史があり、その領域を通過して天然ガスを輸出する構想が人々の根深い反チリ感情を強く刺激したのである。この怒りにはまた、南米大陸で屈指の天然ガス資源を抱えながらその利益が米系企業やそれと結びついた国内の大資本家の手に落ちることへの反発も結びついた。ボリビアの1人当たり名目 GDP は3549ドルにすぎず (2018年、世銀)、紛争発生時も今も、南米大陸12カ国の中で最も低い。

　8歳の少女を含む67人の死者と多数の負傷者 (藤田 2005：75-76) を出したこの紛争は結局、同年10月のサンチェス＝デ＝ロサダ大統領の辞任と亡命に帰結した。ただ、問題はそれでは終わらなかった。副大統領から昇格した後継のメサ大統領は翌2004年7月、天然ガス利用をめぐる国民投票を行い、政治不安を和らげようとした。この国民投票自体は賛成多数で承認される。しかし、天然ガスを国家戦略として使うという設問は非常に曖昧で、メサ大統領の求心力は長続きせず、2005年に入ると天然ガスの「国有化」を求める市民の抗議行動が膨れ上がった (「第2次ガス戦争」)。結局、メサ大統領も同年6月、辞任に追い込まれ、その年に実施された選挙で、ボリビア史上初の先住民出身のエボ・モラレス大統領が誕生することになる (2006年1月就任)。モラレス大統領は就任4カ月後の5月、国内56カ所の操業施設に軍を派遣し (遅野井 2008：87)、公約どおり、石油と天然ガスの国有化を断行した。

　多くのラテンアメリカ諸国にとって天然資源の開発や管理は国家発展に関わる枢要課題であり、その方針は歴史的に振幅してきた。1930年代から80年代ま

での国家発展主義の時代は、資本と技術を先進国に依存しなければならないとの制約に悩みながらも、いかに天然資源を国家で管理をしていくかが模索された。しかしネオリベラリズムの時代に入ると市場経済主義が信奉され、また経済統合と信頼醸成も進み、天然資源やエネルギー部門が域内外の民間資本に広く開放された。ところが2000年代以降、経済成長の利益が外資や一握りの富裕層に集中して社会経済格差が埋まらないことへの疑問が広がり、行き過ぎた市場経済化への反動が生まれた。「ガス戦争」それ自体からは15年以上の月日が経つが、この事件は「資源は誰のものか」という問いを強めるとともに、進むかに見えた南米大陸でのエネルギーの相互安定供給を目指すインフラ統合構想も後退させ、各国はエネルギー調達先の多角化を目指す方向に転換するなど、資源地政学の構図にも影響を及ぼしている。以下でそれを読み解いていきたい。

> ラテンアメリカの
> 独立と19世紀の
> 一次産品輸出経済

1492年のコロンブスによる「発見」以降、スペインの植民地（ブラジルに関してはポルトガルの植民地）となったラテンアメリカは、約300年間にわたる植民地時代を経て19世紀初頭に独立する。ナポレオンのイベリア半島侵攻でスペイン国王が退位させられたとき（1808年）、かねて王室による徴税強化や貿易管理に不満をもっていた植民地のスペイン系白人エリートが本国からの独立に踏み切ったのである。ただ、先住民やメスティソ（混血）にしてみれば、頂点に立つ支配者が国王から現地エリートに代わったにすぎず、社会の構造は何も変わらなかった。「ナショナリズムなき独立」といわれるゆえんである。

とはいえその後、政治・社会情勢は徐々に変化していく。欧米諸国における産業革命以降の一次産品需要の拡大により、19世紀後半、ラテンアメリカ諸国はその輸出で最初の経済成長を遂げた。それとともに、豊富な天然資源をめぐる領土への主張が各国で強まり、独立期の曖昧な国境線が外交摩擦の火種となっていった。こうしたことを背景に、欧州の啓蒙的で自由主義的な新しい思想にふれた開明的な知識人が自国のあり方や自立について声を上げるようになり、新しいナショナリズムが生まれてきたのである。各国で近代軍の整備が進められたのもこの時期であった。

1879年から1883年にかけてボリビア・ペルー連合とチリとの間で繰り広げられた太平洋戦争も、こうした時代背景のなかで発生した。すなわち、この三国にまたがるアタカマ砂漠には当

図8-1　ボリビア・チリ国境地域

出典：筆者作成

時、肥料や火薬の原料として重宝された硝石が豊富に存在し、チリとボリビアの間で国境をどう区切るかが外交争点に浮上した。そして交渉の末、1866年に両国間で二国間条約が締結され、国境を南緯24度線と定め、23度線から25度線の範囲は共同開発地帯として利益を折半するとの取極めが交わされた（図8-1参照）。

　とはいえ、その後この付近で銀の鉱脈が発見されたことなどもあってボリビアの経済的利益への関心はますます強まり、ボリビアは条約内容の再交渉を求めた。しかし、共同開発地帯での開発の9割は英国とチリが共同出資した企業によって担われていたのが実情で、1874年に締結された新条約では国境が再確認されるにとどまったばかりか、共同開発地帯の北側（ボリビア側）で活動するチリ系企業への輸出課税率を25年間引き上げないとの条項まで追加されることとなった。しかしながらボリビアは当時、深刻な財政難に陥っており、1878年、条約の破棄と課税率の引き上げを一方的に通告する。これが引き金となって1879年、チリ軍とペルー・ボリビア連合軍との間での戦争の火蓋が切られ（なお、他国に先駆けて政治安定を成し遂げ経済成長の道を歩んでいたチリへの警戒心からボリビアとペルーの間には秘密の同盟条約があった）、軍事力で勝るチリが両国軍を圧倒した。

　結局この戦争は1883年にチリが勝利する形で休戦し、チリは図8-1のとおり両国から広大な領土を獲得し、ボリビアは内陸国として閉じ込められることになった。

| 国家発展主義の時代 | ラテンアメリカは20世紀の初頭、歴史的な転換点を迎える。1929年の世界恐慌による一次産品価格の暴落が |

ラテンアメリカ経済に大打撃を与えたのである。これによって富裕層の力が衰えるとともに、それまでの経済成長に伴って厚みを増していた中間層や都市の労働者層が政治的要求を強め、やがてこれら中・下層に支持されたポピュリズム政治家が数の力で政権を獲得していった。こうして成立した各国のポピュリズム政権は、国家の自立と発展を掲げ、輸入代替工業化の推進や、賃上げや福祉拡充による国民生活の向上などを目指した。この一連の政策に、天然資源の国有化も含まれていた。

　しかしこれらの政策は国家の役割を肥大化させて財政赤字を招き、賃金上昇

を上回るインフレ昂進に人々は不満を募らせていった。ゼネストが広がって社会は混乱し、多くの国でそれを収拾すべく軍事政権が相次いで登場することになる。軍事政権は、詳細に見ればその政策には幅があるが、一言で言えば緊縮財政に舵を切り、経済の安定化を目指した。もちろん人々は収入の低下や社会支出の削減に反発したが、そうした不満は権威主義的な政権運営により抑えつけられた。他方、国家の発展は変わらぬ目標であり、軍事政権は保護主義的な輸入代替工業化政策をさらに推進した。資源政策に関しては、開発のための資金と技術を欧米企業に依存せざるをえなかったため、政策の方向性には揺れも生じたが、基本的には国家による管理を強めていった。そしてそれは、1970年代に広がった第三世界主義と資源ナショナリズムによっても促された。

　基幹部門を国家の管理下におくというのもまた、この時代の常識であった。ラテンアメリカでは20世紀中、国家間の武力紛争はボリビアとパラグアイが戦火を交えたチャコ戦争（1932-35年）を例外として発生していない。しかし、未解決の国境問題や領土問題はいくつもあり、近隣国を仮想敵として睨む安全保障政策は堅持され、特にそれは軍事政権下では強められた。そうした地政学的環境のもとで、領土内に賦存する天然資源と同様、電力をはじめとするエネルギーや電気通信、あるいは港湾などの基幹部門も、国営・公営の企業によって独占的に管理された。

累積債務危機とネオリベラリズムへの転換

しかしこの国家中心的な発展モデルは、1980年代に破綻することになる。野心的で採算度外視の工業化政策や資源開発政策は、巨額な財政赤字を膨らませ、その矛盾は二度の石油危機で世界経済が不況に陥ったとき一気に顕在化した。各国は次々とデフォルト（債務不履行）宣言を余儀なくされ、通貨の暴落とハイパーインフレを加速させ、1980年代のラテンアメリカは「失われた10年」とよばれる未曽有の経済危機に陥ることになる。もっとも経済失政は各国で軍の政治からの退場を促すことになり、この時代、政治的には民主化が進展した。

　1990年代、ラテンアメリカは再び経済発展モデルの歴史的転換点を迎える。ネオリベラリズムの到来である。それを主導したのは米国政府、ならびに国際通貨基金（IMF）や世界銀行に代表される国際金融界であった。これらワシントンの勢力は、貿易や投資の自由化、規制緩和、国営・公営企業の民営化と

いった市場主義に基づく経済改革を、債務救済との抱き合わせで求めた。各国は、他に選択肢がなかったこともあり、こうした処方箋に素直に従った。

　この政策転換で民間に売却された企業には、国家の基幹的なインフラ事業や資源産業も含まれている。投資の自由化により、外資の参入も相次いだ。一例をあげると、ペルーの電力部門は1992年に民営化されるが、首都リマの配電会社に参入したのは、一足早い民営化（1982年）で企業体質を強化していたチリの配電会社３社であった。電力のごとき基幹部門を歴史的な仮想敵である隣国チリの資本に委ねるということは、1980年代以前には考えられないことであった。

　こうした大改革が功を奏し、1990年代にラテンアメリカは、マクロ経済を回復軌道に乗せることに成功した。ただ、ネオリベラリズムは貧困の解消や経済社会格差の是正にはほとんど寄与しなかった。その不満が人々の間に鬱積していき、ベネズエラのチャベス政権（1999年発足）を皮切りに、2000年代に入るとネオリベラリズムを批判する左派政権が各国で相次いで誕生することになる。ボリビアで発生した「ガス戦争」も、またその後の天然ガスの国有化も、その流れのなかで生まれたことであった。

第2節　ボリビアと天然資源

20世紀初頭の
ボ　リ　ビ　ア
　ボリビアは天然資源に恵まれた国である。独立後のボリビア経済は主として銀で支えられたが、錫の国際的
需要の高まりとともにその生産を拡大し、20世紀の初頭には錫が輸出の７割を占めるまでになった。多くのラテンアメリカ諸国で資源開発が外資の手に握られていたのとは対照的に、ボリビアでは錫の開発が国内の三大錫財閥によって担われたのは特徴的であった。

　ただしこれらの錫財閥をはじめとするボリビアの白人エリート層は、アンデスの高地を地盤としており、辺境の地を防衛する意識と能力を欠いていた。1903年に天然ゴムの生産地であるアマゾン低地部アクレ地方でブラジル人入植者の騒乱が起きたときには、政府は何ら有効な手を打つことができず、19万km²におよぶ領土をブラジルに割譲する結果を招いた。そして1932年から35年にか

けては、豊富な石油資源が埋蔵しているとの憶測があった南東部のチャコ地方をめぐって隣国パラグアイとの戦争になり（チャコ戦争）、数万人の死者を出したうえに24万km²にもおよぶ領土を奪われた。

　こうした白人層の無策に中間層はおおいに不満を強め、ポピュリズムの流れがボリビアでも生まれることになる。敗戦翌年の1936年、チャコ戦争で英雄となった混血将校らが蜂起して軍事社会主義政権と呼ばれる改革政権を樹立し、翌1937年にはアンデス山麓での石油開発に着手していた米系スタンダード石油を接収して、新たに設立したボリビア炭化水素公社（YPFB）に開発と経営の権利を移管した。またパス＝エステンソロやシレス＝スアソらの知識人が1942年、中間層の利益を代弁する国民革命運動（MNR）を立ち上げ、錫財閥所有の鉱山における争議を契機に鉱山労働者との連携を深めるとともに、1943年には軍の急進派が立ち上げた政権に参画して労働立法の強化などを進めていった。

┌─────────────┐
│ ボ リ ビ ア 革 命 │
└─────────────┘
1952年に発生したいわゆる「ボリビア革命」は、MNRによるポピュリズム政治が最高潮に達した瞬間であった。MNRは前年の選挙で勝利していながら、当時の保守政権にその結果を握りつぶされたうえ、非合法化されるとの憂き目に遭っていた。これに反発したシレス＝スアソ率いる革命軍とそれに合流した鉱山労働者らが3日間にわたる市街戦を繰り広げ、革命政権の樹立を勝ち取るにいたったのである。大統領にはパス＝エステンソロ（1952-56年、1960-64年）とシレス＝スアソ（1952年暫定、1956-60年）が交互に就き、三大錫財閥の国有化とボリビア鉱業公社（COMIBOL）の設立、大農園の解体と農地改革、先住民に対する選挙権の付与、無償教育の拡大といった、社会を大きく変える政策を推進していった。

　ただ、近隣国のポピュリズム政権と同様、この革命政権も国家の役割の肥大化による財政赤字の拡大に苦しむことになった。また多数の貧農が隷属状態から解放されはしたものの、農業経営の経験に乏しい自作農の増加は生産の低下という問題となって跳ね返ってきた。革命政権は石油開発に活路を見出そうとするが、そのための資金と技術は外資に依存せざるをえず、1955年に炭化水素法を改定してYPFBの独占を改め、探鉱と採掘を米系のガルフ石油に開放する道を選んだ。こうして革命政権はしだいに方向性を見失い、インフレや食料

不足に不満をもつ中間層が政権から離反するとともに政権の内部でも分裂が進み、混乱のなか、1964年の軍事クーデターで幕を閉じることとなった。

| 軍 事 政 権 と 資源ナショナリズム

ボリビアはその後18年間に及ぶ軍事政権の時代に入る。この時代は、軍内の右派と左派の間の抗争の時代であった。クーデターで成立した保守派の軍事政権は、革命の担い手であった左派の政治家と鉱山労働者を弾圧しつつ、農民とは融和的な関係を築き、下層大衆を分断した。ちなみに、革命の理想を掲げてボリビアに乗り込んだチェ・ゲバラが農民層の共感を得られず、ボリビア軍に銃殺される結末を迎えた（1967年）のもこの時期のことである。しかしその後、軍内クーデターで左派が政権を握り、ガルフ石油の国有化（1969年）や労組の合法化などを行うとともに、ソ連に接近してCOMIBOLへの資金援助を仰ぐ政策に転換した。だが1971年にはまた権力が保守派に移り、バンセル将軍は政党や労組の活動をふたたび禁止するとともに、西側の資本を誘致する政策に回帰した。ただし炭化水素資源に関しては、資源ナショナリズムの世界的高まりのなか、炭化水素法を改定して石油や天然ガスの開発権を民間に付与することを禁止した。なお、ボリビアで天然ガスの商業生産が始まるのはバンセル政権発足前年の1970年、南米大陸で初となる国境をまたぐ天然ガス・パイプラインが開通したのは同政権発足後の1972年ことである。このパイプラインの開通で、サンタクルスのガス田がアルゼンチン側の国境の町ヤクイバで同国のパイプライン網と結ばれ、ボリビア産ガスの輸出が始まった（後掲の図8−2参照）。

| 民 主 化 と ネオリベラリズムへの 転 換

しかし周辺国と同様、対外借り入れに大きく依存した野心的な開発政策は財政不均衡を招き、ボリビアも経済危機に陥っていった。危機に対処できない軍は1982年、政治から退き、民政移管が実現する。もっとも大統領に返り咲いたシレス＝スアソは、左派を地盤とするがゆえ、市民生活にしわ寄せを与える緊縮政策に踏み切ることができなかった。代わりに物価の統制や為替の固定で局面を打開しようとしたが、そうした対処療法は闇価格や闇相場を広げるばかりで、インフレ率は1984年に1281％、85年には１万1980％という空前の水準に達した。

　経済混乱のなか１年前倒しで行われた1985年の選挙で当選を果たしたのは、パス＝エステンソロであった。経済再建のために残された道はもはやなく、

パス＝エステンソロは国際金融界からの指南を受け入れ、経済自由化（価格・為替・貿易の自由化）、規制緩和、補助金の削減、公共部門の削減、民営化など、30年前に手がけた政策とは180度異なる劇薬的な改革を断行した。これによりインフレ率は1986年に276％に、87年には14.6％に落ち着いた。このネオリベラリズム路線は後継政権にも継承され、第一次サンチェス＝デ＝ロサダ政権（1993-97年）下の1994年には電話、炭化水素、航空、鉄道、電力、鋳造の主要国営6社が民営化され、それらに50％を上限として外資が参入することも認められた。そして1996年には新・炭化水素法（法律1689号）が制定され、YPFBの事業が石油・天然ガスの生産2社、輸送1社、製油1社、サービス数社に分割されて、YPFB本体の役割は鉱区の入札や石油ガス事業の監督、リスク契約、輸出契約に限定されることとなった。

第3節　ボリビアにおける天然ガス開発とラテンアメリカのエネルギー事情

| 天然ガスの開発と |
| 輸出の拡大 |

1996年の新・炭化水素法が天然ガス部門に大きな変革をもたらしたことは、2000年代に入ってからの生産と輸出の急激な伸びとなって表れている。外資による探索と開発により、1996年から2005年までの間に天然ガスの確認埋蔵量は1096億㎥から7641億㎥へと大幅に拡大し（堀坂 2008：6）、それに伴い生産と輸出も図8-2のとおり、堅調な伸びを示している。2018年現在、炭化水素資源はボリビアの輸出の約33％を占め、最大の外貨獲得源にまでなった。

　そしてこの開発の過程で構想されたのが、冒頭にもふれた、チリ経由での輸出計画である。タリハ州マルガリタ鉱区の天然ガスをパイプラインで太平洋岸に輸送して摂氏マイナス160℃に冷却、600分の1に圧縮して液化天然ガス（LNG）化し、メキシコのバハカリフォルニア州エンセナダ港まで海上輸送した後、そこで再気化して米国カリフォルニア州の消費地まで輸送するとの計画で、実現すれば総輸出は1.7倍増になると見積もられていた（渡邉 2003）。12にのぼる輸出経路が候補にあがり（CBHE 2013）、検討の末、最も採算性がよいとされたのが鉱区から667kmの距離にあるチリのパティジョス港であり、次によいとされたのが鉱区から723kmの距離にある同じくチリのメヒジョネス港

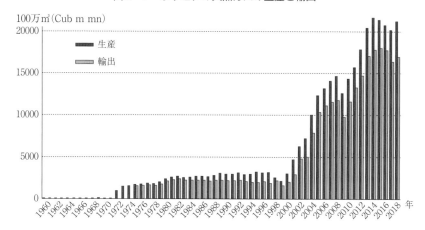

図 8-2 ボリビアの天然ガスの生産と輸出

100万㎥(Cub m mn)

■ 生産
■ 輸出

出典：OPEC データをもとに筆者作成

であった（図8-3参照）。ペルー経由の輸出も検討の対象になったものの、採
算性はチリに比べて大きく劣ることも分かった。

ボリビア・チリ関係　ここで問題となってくるのがチリとの関係であった。
ボリビアが有していた海岸部の領土(図8-1参照)は、
太平洋戦争終結の翌年に結ばれたバルパライソ条約でまずその統治権がチリに
移譲され、1904年の平和友好通商条約で全面的にチリに割譲された。引き換え
にチリはラパスからチリのアリカ港までの鉄道建設の義務を負い（鉄道は1913
年に開通）、またボリビアに対してチリ港湾までの自由通行を認めることとされ
た。自由通行の一環として、チリは1955年の二国間協定でアリカにおける石油
精製施設の建設とボリビアのシカシカからアリカまでの石油パイプライン（写
真8-1）の建設を認め（Garcia 2018：27）、アリカの施設は1957年に、パイプラ
インは1965年に、ガルフ石油の資本により完成した（YPFB ウェブサイト）。

　ただ、1904年条約はアクレ地方やチャコ地方を隣国に手離す結果を招いた白
人エリート政権下で結ばれたものであり、領土回復の主張は政界や市民の間に
燻り続けてきた。革命政権期の1962年、両国間の山岳部国境をまたいで流れる
ラウカ川の水利問題がこじれ、パス＝エステンソロ政権はチリに国交断絶を
宣言する。その後、1975年にチリのピノチェト、ボリビアのバンセルの両軍人

図8-3　南米のパイプライン

出典：筆者作成

写真8-1　ボリビアとチリを結ぶ石油
パイプライン（チリ領内）

出典：筆者撮影

大統領のもとで対話が試みられ、一時的に国交が回復するものの、チリ側が提示する現実味の乏しい領土割譲案[1]をめぐって折り合いがつかず、1978年にふたたび国交が断絶され、今日までその状態が続いている。

とはいえアリカはボリビアにとって、最も至近で重要な貿易港である。1990年代に入り、ネオリベラリズムが米州全体の基調となると、チリとボリビアの間でも1993年、国交回復問題を棚上げにしたまま、多数の品目の関税撤廃や投資の保護を内容とする経済補完協定が締結された。ボリビアからチリへ天然ガスを輸出する構想が生まれたのもこの時期のことであり、それに関する条項がこの経済補完協定にも盛り込まれた（浦部 1996）。

「南米エネルギーの環」構想　南米大陸には多くの天然ガスが賦存する。ただしそれは偏在している。チリの生産はごくわずかで、消費分のほとんどは輸入に依存してい

表 8 - 1　天然ガスの生産と消費　　　　　　　　　　　　　（単位：10億㎥）

		2000年	需給差	2005年	需給差	2010年	需給差	2015年	需給差	2018年	需給差
アルゼンチン	生産	36.4	+4.1	44.4	+5.1	39.0	−3.1	35.5	−11.2	39.4	−9.3
	消費	32.3		39.3		42.1		46.7		48.7	
ボリビア	生産	3.1	+3.1	11.6	+11.6	13.7	+13.7	19.6	+19.6	16.0	+16.0
	消費	—		—		—		—		—	
ブラジル	生産	7.7	−2.0	11.2	−8.9	15.0	−12.6	23.8	−19.1	25.2	−10.7
	消費	9.7		20.1		27.6		42.9		35.9	
チリ	生産	—	−7.0	—	−9.1	—	−5.7	—	−4.8	—	−6.4
	消費	7.0		9.1		5.7		4.8		6.4	
ペルー	生産	0.3	±0	1.5	±0	7.3	+2.4	12.7	+5.6	12.8	+5.8
	消費	0.3		1.5		4.9		7.1		7.0	

(注)ボリビアにおいては国内消費が、チリにおいては生産が若干あるが、その量が少なく統計では取り扱われていないため、0と見なして需給差を計算してある。
　出典：BP Statiscal Review of World Energy 2019 のデータをもとに筆者作成

る。他方、アルゼンチンは南米南部で最大の生産国であるが、需要の伸びも大きく、2000年代の前半に輸入超過国に転じた。ブラジルは第２位の生産国であるが、一貫して消費量が生産量を上回っている。アルゼンチン，ブラジル両国の不足分を補っているのがボリビア産の天然ガスである（表8-1参照）。

　ボリビアとアルゼンチンをまたぐ最初のパイプライン開通から25年を経て、1997年、南米南部で第２号となる天然ガスの国際パイプラインがアルゼンチン・チリ間に開通した。その後1999年までに両国間には計７本の、また1999年から2002年にかけてはボリビア・ブラジル間、およびアルゼンチン・ウルグアイ間にもそれぞれ３本ずつの天然ガス・パイプラインが開通した（堀坂2008）。隣国への警戒を緩め、基幹エネルギーの取引を市場に委ねるとの安全保障観の転換を強く反映していた。

　こうしたパイプライン網の構築（図8-3参照）が、2000年に開催された南米諸国首脳会議で議題とされた南米インフラ統合計画（IIRSA）のもとで、より戦略的なものになっていった。IIRSA とは、交通、電気通信、電力、石油・天

然ガス・パイプラインといったインフラ網を南米大陸に整備し、物理的統合を強化して経済統合を活性化させようとするものである。

　この計画が具体化されていくなか、2004年の冬、アルゼンチンで天然ガスの国内需給が逼迫し、政府の方針でチリ向けの天然ガス輸出が削減されるとの大きな出来事が発生した。ただこのことはむしろインフラ統合の必要性を認識させ、チリは2005年、南米諸国間を石油と天然ガスのパイプラインで環状につなぎ、双方向での輸送力を拡充してエネルギーの安定供給を図る「南米エネルギーの環」（Anillo Energético Sudamericano）構想を提唱した。そしてこの構想に関する実務協議は、基本文書が関係国間で署名される寸前の段階にまで進められていった（Radio Cooperativa 電子版，2005年10月6日付）。

　しかしながら最終的にこの構想は、ボリビアやペルーとチリとの歴史的軋轢によって頓挫することとなった。この年、チリとペルーとの間で海洋国境（漁業専管水域）をめぐる外交摩擦が発生し[2]、ペルー、および共同歩調をとるボリビアが「南米エネルギーの環」構想の基本文書への署名を事実上拒否したのである。なお、前年の2004年（これは「ガス戦争」の翌年である）、ボリビアは自国の天然ガスがチリに再輸出されること忌避し、アルゼンチンとの売買契約において天然ガスの使用を同国の国内に限定するとの取極めも交わしていた（Bondorevsky and Petrecolla 2004: 30–31）。

第4節　資源は誰のものか？

先住民と貧困

ボリビアは南米大陸の最貧国であるうえ、貧富の格差が激しい。所得格差を5分位階層で見たとき、1986年の時点でボリビアの最も豊かな20％が国全体の富の56.5％を占め、最も貧しい20％は3.9％の富を占めるにすぎなかった。それが「ガス戦争」前年の2002年には、最も豊かな20％が占める富は63.0％に拡大し、最も貧しい20％が占める富は1.5％へとさらに縮小した（世銀データ）。これら貧困層の大部分は、植民地時代から従属的な立場におかれていた先住民系の人々である。

　ネオリベラリズムの時代に入ったのと軌を一に、先住民の立場が少しずつ改善されてきたのは事実である。1992年はコロンブス到達500周年に当たり、国

連世界先住民年に指定されるなど先住民の権利回復の世論が国際的に高まった。1993年、第一次サンチェス＝デ＝ロサダ政権は先住民運動のリーダーを副大統領に据え、1994年の憲法改正では多民族多文化の尊重を明記した。ただ同時に進められたのが、徹底した市場経済主義であった。これは貧困層を経済的に直撃することとなった。

| 立ち上がる先住民と社会運動 | 「ガス戦争」3年前の2000年、ボリビアでは「水戦争」(Guerra del Agua) と呼ばれる社会紛争が起きている。

きっかけはボリビア第3の都市コチャバンバで起きた水道事業の民営化問題であった。ボリビア政府が赤字を抱えるこの事業への支援を国際社会に仰いだ際、その条件として世銀から突き付けられたのが民営化を通じた事業経営の効率化と受益者負担の原則の確立であった。しかし、人間が生きていくうえで根源的な「水」の料金が引き上げられたことに、市民は激しく反発した。ボリビア統一農民労働者組合連合（CSUTCB）の呼びかけた市民による道路封鎖は、首都を含め、全国規模に拡大し、結局、米系企業は撤退を余儀なくされて民営化は白紙に戻された。

このころ頭角を現していたのが、社会主義運動（MAS）に属するコカ栽培農民団体のリーダーのエボ・モラレスであった。米国は当時、麻薬対策としてコカ栽培の根絶を求め、コカから転換した作物を特恵関税で優遇していた。しかし、コカは古代からアンデスの先住民が伝統的に消費してきた作物である。モラレスに言わせれば、それをコカインという薬物に科学的に加工するのは生産者の与り知らないことであり、また高値で取引されるコカの葉を農民が栽培し続けるのは貧困に喘いでいるからに他ならなかった。モラレスは1997年の下院議員選に当選して政界進出を果たし、2002年の大統領選挙ではサンチェス＝デ＝ロサダに次ぐ第2位となる票を獲得していた。

2003年1月、政府の政策に反発して抗議行動を起こしたコカ栽培農民と治安部隊とが衝突し、12人の死者を出す事件が発生した（遅野井 2006：68）。2月にはIMFの助言に従って政府が財政赤字対策として所得税の導入を決めたことをめぐり、警察官が生活苦を訴えてストを断行し、またそれに同調する学生や市民も街頭に繰り出し、警察と軍の治安部隊との間で銃撃戦（双方に死者数名）になるとの前代未聞の事件に発展した。このときデモ隊の一部は天然ガス輸出

構想に関して「チリ港選択断固阻止」を叫んでいた（渡邉 2003：31）。そしてこの年の9月に、「ガス戦争」が発生するにいたった。

天然ガス問題の
方　　程　　式

「ガス戦争」で失脚したサンチェス＝デ＝ロサダに代わって昇格したメサ大統領により2004年7月に国民投票が実施されたことは、すでに述べたとおりである。その結果を受けて国会では2005年5月に新・炭化水素法（法律3058号）が可決され、炭化水素資源に対する課税率は16％から32％に引き上げられた。もっともメサ大統領は、外資尊重と投資環境が不可欠であり、自分の意思に反するとして法案への署名を拒否し、同法は上院議長により公布されるとの異例の展開をたどった。これで求心力を失ったメサ大統領は、首都を2週間以上麻痺させる「第二次ガス戦争」と称される抗議行動に直面することとなり、翌6月、辞任を余儀なくされた。この抗議行動でモラレス率いるMASは、天然ガスの再国有化を声高に叫んでいた。

　同年12月に行われた大統領選挙では、モラレスが史上最高の得票率で当選した（2006年1月就任）。モラレスは2006年5月、大統領令28701号を発布して天然ガスの国有化を宣言し、軍を全土の操業施設に配備した。大統領令の内容は、炭化水素資源の所有権は全面的に国家に帰属することとしたうえでYPFBの管轄下におき、外資系企業に対しては51％の国有化を含む新契約への移行を強いるものであった。そしてボリビア政府への収益の配分を50％から82％に引き上げた。180日以内に企業側が新契約を結ばない場合は国外退去させられることとされた。

　20世紀とは根本的に異なることが一つある。20世紀までは、天然資源の主権をめぐる争いは「南北問題」、すなわち先進国と発展途上国の間の問題であった。だがモラレスの国有化に最も反発し、政策の見直しを求めて強い外交圧力をかけたのは、ボリビアの炭化水素部門への最大の投資企業であるブラジル石油公社ペトロブラス（Petrobras）を有するブラジルであった。ブラジルにとっては、単なる企業利益の問題ではなく、自国のエネルギー安全保障に関わる問題であった。

　ボリビアの天然ガスをめぐる問題は、「天然資源は誰のものか」という根源的な問いを投げかけている。天然資源から生まれる経済的利益を適切に国民に

分配するのは国家の役割である。他方、開発の担い手たる資本と技術を有しているのは外資を中心とする民間部門である。民間資本の活用と利益の分配はいかにあるべきかについて、歴代の政権は悩み続け、発展のモデルは国家中心主義の時代からネオリベラリズムの時代、そしてその反動の時代を通して大きく変転してきた。これに領土問題をはじめとする地域の地政学的な問題とナショナリズムが複雑に絡んでくる。

　チリはLNGを輸入する方針に急速に舵を切り、2009年にその第1号となる受け入れ基地を完成させ、輸入を開始した。2013年以降は、国内需要のほとんどをLNGで賄うようになっている。ブラジルもボリビア依存を弱めて調達先を多角化することを目指し、2009年からLNG輸入を開始した。「エネルギーの環」構想はもはや破綻し、地域の地政学的な構図は大きく変わっている。

　モラレス大統領は2009年3月、国名をボリビア共和国からボリビア多民族国に変更した。モラレスは同年末、そして2014年10月の大統領選にも勝利し、2019年10月の選挙にも出馬予定である。ボリビアのウユニ塩湖には埋蔵量が世界最大といわれるリチウム資源がある。しかし2018年の時点でリチウムの生産はオーストラリア、チリ、アルゼンチンの3国で9割以上を占め、ボリビアは商業生産の段階に到達していない。モラレス大統領は資源の国有を守ろうとする一方、その開発に外資の参入を認める方針に傾きつつある。「資源は誰のものか」という問いかけと発展モデルの模索は続いている。

【注】
1）　この領土割譲案は、チリとペルーの国境沿いの帯状の部分をボリビア領とするというものであった。ただし太平洋戦争前はペルー領であったこの地域（図8-1参照）を他国に割譲するにはペルーの同意が必要であることがチリ・ペルー間の1929年条約に定められており（Lagos 1981: 127-132）、きわめて現実味の乏しい提案であった。
2）　チリとペルーの国境は1929年に両国間で締結された条約によって最終的に解決されたことになっている。しかし海洋部分についてその解釈に齟齬があり、この年、ペルーがその境界線を一方的に定める法律を可決したため、両国間の関係が大きく冷え込んだ。

【推奨文献】
①ハーバード・S・クライン（2011）『ボリビアの歴史』星野靖子訳、創土社
②堀坂浩太郎（2008）『南米南部地域における天然ガスのインフラ整備と地域統合—国家主

義的発想と地域主義的発想のはざまで』上智大学イベロアメリカ研究所
③真鍋周三編著（2013）『ボリビアを知るための73章：第2版』明石書店

【引用・参考文献一覧】

・浦部浩之（1996）「チリの経済統合と国境地域問題」『海外事情』44巻2号、28-39頁
・浦部浩之（2006）「チリ・ペルー・ボリビア三国間の信頼醸成の展開と国境地域秩序の再編成」『マテシス・ウニウェルサリス』8巻1号、101-110頁
・遅野井茂雄（2006）「Ⅲ：複雑な政治・外交」真鍋周三編『ボリビアを知るための68章』明石書店、131-163頁
・遅野井茂雄（2008）「ボリビア・モラレス政権の『民主的革命』―先住民，社会運動，民族主義」遅野井茂雄・宇佐見耕一編『21世紀ラテンアメリカの左派政権―虚像と実像』アジア経済研究所、69-103頁
・藤田護（2005）「2003年十月政変から改憲議会へ―ボリビア政治情勢への視点」藤岡恵美子・中野憲志編『グローバル化に抵抗するラテンアメリカの先住民族』現代企画室、73-85頁
・渡邉裕司（2003）「ナショナリズムに翻弄される巨大プロジェクト―ボリビアの天然ガス対米輸出計画」『世界週報』84巻19号、30-33頁
・Bondorevsky, Diego and Diego Petrecolla（2004）, "Argentina: From Growth to Crisis," in Paulina Beato and Juan Benavides ed., *Gas Market Integration in the Southern Cone*, Inter-American Development Bank, pp. 3-35.
・BP（2019）*BP Statistical Review of World Energy 2019*, June.
・CBHE（Cámara Boliviana de Hidrocarburos y Energía）（2015）, "La Guerra del Gas: El proyecto de exportación de GNL que no fué," *Petróleo & Gas*, no.100, pp.25-27.
・Cóndor, José（2013）*¿El desarrollo de los recursos de gas natural en América Latina y el Caribe podría convertirse en una fuente de energía competitiva?*, OLADE.
・Garcia, Josue R.（2018）, *Does Rivalry Alone Preclude Bolivian Natural Gas Sales to Chile?*, U.S. Government.
・Kozulj, Roberto（2006）, "La integración gasífera latinoamericana: una prospectiva cargada de incertidumbres," *Nueva sociedad*, 204, pp.104-118.
・Lagos Carmona, Guillermo（1981）, *Historia de las fronteras de Chile; Los Tratados de Límites con Bolivia, 2 ed.*, Editorial Andres Bello.

終　章

資源地政学の今後

稲垣　文昭

【要　約】

地政学は、やはりエネルギー資源の確保を対象としている「エネルギー安全保障」と同様に、19世紀末から20世紀初頭に軍事的文脈で生まれたあと、エネルギー資源を取り巻く状況に対応すべく発展してきた。地政学とエネルギー安全保障の関係は、後者が各国のエネルギー確保の政策である一方で、前者はその政策を策定するための見取り図であるチェス盤といえる。本書で議論してきた通り、地政学の変化要因の1つは接続性であり、これは石炭からより偏在性の高い石油に変わることで重視されるとともに、地産地消型の再生可能エネルギーへの移行とともに再び変化の時を迎えている。そもそも資源とは、社会が何を欲するかによりその重要性が変化するものであるが、たとえ地産地消の再生可能エネルギーが増加しようとも生命維持に不可欠な資源である水資源、そして再生可能エネルギー活用のための資源（原料）の重要性は変わることがない。つまり、資源地政学は対象となる資源の種類が変わるだけで、今後もその重要性は変わることがない。

第1節　地政学とエネルギー安全保障

同時期に生まれた地政学とエネルギー安全保障

地政学の学術的な展開については、すでに序章にて詳細に述べていることもあり改めて紙幅を割く必要はないと思われる。だが、終章として全体を概観するためにはやはり簡単ながらも地政学の展開の歴史について纏める必要があると思わ

れる。なお、本書の読者には「資源地政学」と「エネルギー安全保障」に違い
があるのかという疑問を持たれる方もいるかもしれない。エネルギー安全保障
も資源地政学と同様に「資源（エネルギー）の確保」を争点としており、一見
して違いが分かりにくいと思われる。そこで、エネルギー地政学の展開と対比
しながら地政学の展開について概観する。

　さて、改めて振り返るまでもなく、蒸気機関が発明され主要動力源となった
18世紀の産業革命以降、我々人類のエネルギー消費量は一気に増加した。周知
の通り、それらのエネルギーは、石炭、石油、天然ガスといった「化石エネル
ギー」が主である。だが、石油を一切産出しない国家もあれば全世界の5割以
上を産出する中東諸国があるように、化石エネルギーは全ての国家で等しく産
出されるものではない。この化石エネルギーの偏在性が、地理学及び地質学と
政治学や経済学を結びつけて地政学や地経学を生み出したといえる。特に19世
紀末から20世紀初頭にかけて石炭からより熱量（カロリー）が高い石油へエネ
ルギー源が移行したこと（「エネルギーシフト」）で、消費地から遠く離れた石油
資源埋蔵地域への接続性が政治的・戦略的重要命題へと押し上げられ地政学が
誕生・発展してきたといえる。

　例えば、第一次世界大戦前に海軍大臣であったチャーチルはイギリス海軍艦
船のエネルギー源を石炭から石油に変換するか否かについて頭を悩ませてい
た。石油への転換は艦船の速度向上などの利点がある一方で、本国領土内で産
出しないがゆえに供給リスクがあったためである。そして、その供給リスク故
に第二次世界大戦では石油は軍事能力だけではなく、戦略目標をも規定するこ
とになったのである（Yergin 1988 : 112-113）。誤解を恐れずに国家の生存を戦
争における勝利と単純化すると、総力戦が基本となった2つの世界大戦が示し
た通り兵器を戦争終了まで製造・運用し続ける能力には、技術力だけではなく
資源の保有が大きくかかわってくる。先のチャーチルの悩みはこの軍事におけ
るエネルギーの重要性、そして地政学の必要性を示している。

エネルギー安全保障の
変　　　　　　　遷
繰り返しになるが、第一次世界大戦を前にしたチャー
チルは、軍事的な側面から石油供給のリスクを懸念し
ていた。この軍事的文脈から石油リスクを考察する考えは、地政学だけではな
く「エネルギー安全保障（論）」の始まりと捉えられている（Cherp and Jewell

2014)。つまり、エネルギー安全保障は、地政学と同様に20世紀初頭に議論されるようになったが、その背景はやはり石油の供給リスクであり、産油地と消費地間の距離が課題となっていた。

　そして、エネルギー安全保障は1960から70年代の「古典的エネルギー安全保障」、2000年代の「新エネルギー安全保障」と展開してきた（Cherp and Jewell 2014）。古典的エネルギー安全保障は、いうまでもなく1970年代の中東産油国による石油禁輸措置、つまり「第一次石油危機」(1973)を契機として登場した。周知の通り、第一次石油危機は第四次中東戦争（1973年10月）を受けて、ペルシャ湾岸6カ国が油価を70％値上げし、さらには「アラブ石油輸出機構」(OAPEC)がイスラエルを支持する西側諸国に対し石油禁輸措置を導入したことで引き起こされた。この第一次石油危機は、石油価格および供給量の決定権がエクソン、ロイヤル・ダッチ・シェル、BPといった「石油メジャー」と呼ばれる西側石油会社から産油国政府に移行したことを示していた。この結果、石油消費国は政治的な石油禁輸措置と産油国による価格決定を脅威とし、そこから逃れるための安価で安定的な石油確保を模索するために、アメリカ、イギリス、フランス、日本、西ドイツなど主たる石油消費国である先進国は、G7(8)の元となるG5を結成し、「エネルギー安全保障」を重視するようになった。日本政府が新エネルギー技術開発のための「サンシャイン計画」(1974年)を打ち出したことが示す通り、古典的エネルギー安全保障は消費国による「エネルギー自給」政策と同意義であった。

　だが、1980年代後半から90年代に油価が下がるとエネルギー安全保障の重要性は低下した。再度、エネルギー安全保障が注目されるようになったのは油価が急激な上昇を果たした2000年代であった。この新エネルギー安全保障は、古典的エネルギー安全保障よりも複雑な要因を含むものである。具体的には、「ウクライナ危機」(2014年)に表象されるロシアからヨーロッパ向けの天然ガス供給の途絶や中国、インドなど新興国という新たな石油需要地の台頭、そして地球温暖化対策としての脱化石燃料の流れなどである。エネルギー安全保障をエネルギー問題についての一種のアプリケーションソフトと仮定すると、このエネルギーをめぐる変化に合わせて、古典的エネルギー安全保障から新エネルギー安全保障へと「アップデート」が施されたのである。そして、この変化

は資源地政学がアップデートされる要因として議論してきたものである。つまり、資源地政学とエネルギー安全保障論はその始まりも展開も似たような道筋を経てきているといえる。

資源地政学とエネルギー安全保障の相違点

繰り返しになるが、「エネルギーの確保」を争点としている以上、エネルギー動向の変化に合わせて地政学、特に本書が課題とする資源地政学がエネルギー安全保障と同様の道筋で発展するのは当然である。では、双方の相違点は何であるのか。エネルギー安全保障は、各国家のエネルギー確保のための政策であり、それ故にその在り方は国ごとに異なるものとなる。つまり、90％以上のエネルギー資源を国外に依存する日本と、2020年には石油純輸出国になることが確実なシー・パワーであるアメリカのエネルギー安全保障は必然的異なる。他方で、資源地政学はそのエネルギー安全保障政策を策定するために地球規模で資源の分布と各国家の力関係、つまり各国のエネルギー安全保障政策を規定する条件についての鳥観図を提供するものであり、全ての国家共通のまさに「チェス盤（将棋盤）」といえる。換言すれば、その地政学というチェス盤の上での戦略がエネルギー安全保障となる（ただし、その盤がどのような形かは当然ながら国によって差異はある）。

　そのように考えると、地政学とエネルギー安全保障が誕生した19世紀末から20世紀初頭の世界と今日の世界を見比べた際に違いはあるだろうか。21世紀の今日ではシー・パワーの担い手はイギリスからアメリカへとシフトし、ランド・パワーはロシアから中国へと移行過程にあることは違いであろう。だが、「シー・パワー対ランド・パワー」という対立構造には変化がない。つまり、役者は交代したがランド・パワーとシー・パワー間の対立は存在しつづけているという地政学システムに変化はない。ただし、繰り返しになるが地政学、そしてエネルギー安全保障は石油を中心に化石エネルギーの利用とともに発展してきたのであり、再生可能エネルギーが実用化されるにつれ変化が生じてきていることは見逃すべきではない。その点を踏まえた上で、改めて本書の各章の内容を次節では整理する。

第2節　各章の議論から見る資源地政学の特徴

100 年 前 か ら の
接 続 性 の 変 化 100年前と今日の世界での地政学上の違いは、地球温暖化対策と再生可能の実用化により化石エネルギーの重要性が相対的に低下しているだけではない。それは、第6章「シー・パワーのアメリカのユーラシア大陸資源戦略」で上久保が示した「4D地政学」という概念に見て取れるように、技術革新による大幅な距離感の変化である。上久保は、技術革新により到達速度という時間だけではなく、まるで空間そのものが物理的に捻じ曲げられたかのように変容していることを明らかにしている。いうまでもなく、この接続性（connectography）の変化は第6章だけの議論ではない。宮脇による第1章「資源地政学と接続性・連続性」と山本による第2章「資源地戦略とサプライ・チェーン・ネットワーク」も、同様に接続性の変化が指摘されていることは、すでに読者が理解されている通りである。

　宮脇は、資源地政学を資源の「生産、運搬、消費」にかかわる地政学と定義し、産出国から消費国への輸送経路を「接続性」「連結性」の視座から考察している。その上で、輸送・運搬手段の技術革新は接続性の変化をもたらしているが、海洋国と内陸国という分類で捉え直すと「内陸国の罠」という状況が生まれ海洋国に比べ内陸国が不利な状況に置かれているのである。つまり、内陸国による近隣国の港湾への接続は国際法上の権利として与えられているが、実態としてはその権利は阻害され得る。これは、第7章「資源地政学から見た中央アジアとアフガニスタン」で稲垣が内陸国である中央ジア諸国にとっての近隣国の港湾は、リムランドであるアフガニスタンとイランが持つシー・パワーであるアメリカとの関係や国内紛争が要因となり機能しない状態であることが示されていることからも理解できよう。つまり、距離と時間という観点で接続性は確かに変容したが、海洋国と内陸国間の違いは埋まらない状態にあるのであり、資源地政学はこの内陸国が海洋国から取り残される状態を考慮する必要性がある。

　他方で、その内陸国に新たな接続性を供与しているのが中国である。一帯一路（BRI）を掲げる中国の中央アジア進出については、第5章「中国モデルの『エ

ネルギー民主主義」」が詳しいが、山本はその中国がロシアに変わるランド・パワーとして台頭している21世紀ユーラシアの地政学的な変動に着目する。これは、ベネズエラなど新たな供給国の登場、シェール革命、そして中国など新興アジア圏の消費国としての台頭をエネルギーシフトとして捉えたラディスロウらの新エネルギー安全保障論の指摘と同様である（Ladislow, Leed and Walton 2014）。その上で、山本は地政学が「地戦略」という形で政治的要因だけではなく経済的な要因をも含む形で新たな分析枠組みへと発展する必要性を指摘する。

　このように、宮脇、山本、上久保は既存の地政学での限界とアップデートの必要性を「接続性」といった観点から指摘している。つまり、古典的地政学が誕生した19世紀末から20世紀初頭との大きな違いは、この接続性の変化である。ランド・パワーとシー・パワーという区分けは航空機技術や情報技術が発展する以前であったことを考えれば当然の指摘といえる。ただし、これらの指摘は古典的な地政学が意味をなさないということではない。むしろ、地政学の視点が未だ有効であるからこそ、今日の世界へ適応させるためのアップデートが必要であり、いずれの論考もその具体的な姿を提示しているものである。

新たに出現する通商路の影響　さて、上記のように宮脇、山本、上久保が接続性の変化に着目し、今後の地政学の在り方をそれぞれの視点から示す一方で、他の章はそれらの指摘を補完するかのように個別具体的事例に焦点を当て、地政学の変化を明らかにしている。その変化とは資源の生産、運搬、消費に関わる資源地政学の中でも生産地と消費地をつなぐ運搬、つまり通商路をめぐる変化である。

　近年はイラク戦争（2003年）やアフガニスタン紛争への介入によりシー・パワーのアメリカが衰退する一方で、ランド・パワーの中国が台頭し、その影響下で新たな通商路が形成されつつある。この変化には宮脇、山本、上久保も当然ながら着目したが、特にその台頭する中国に焦点を当てたのが平川による第5章「中国モデルの『エネルギー民主主義』」、稲垣による第7章「資源地政学から見た中央アジアとアフガニスタン」である。

　平川は共産党体制維持のために資源供給国とのエネルギー相互依存を構築する必要に中国が直面していることが、その新たな通商路が出現する背景である

ことを指摘する。BRIによる鉄道や送電網など各種インフラストラクチャーや留学生受け入れなどを通じた文化交流など、中国は中央アジア諸国と地政学・地経学の両面で多様な形で相互依存関係を形成している。その最終的な狙いはアジア圏の経済統合であり、アメリカの覇権（影響力）を減退させるものといえる（Flint and Zhu 2019）。仮に中国がランド・パワーからシー・パワーに変貌する際には、太平洋方面にてアメリカおよび日本と対峙する必要がある。その際に、後背地となる中央ジア諸国との経済・文化的統合が進んでいれば、中国にとり安全保障上のリスクが低減されることとなる。

　他方で、稲垣はその中央アジア諸国の視点からこの変化を考察している。中央アジアにとり、イランやアフガニスタンというリムランドの安定化がシー・パワーであるアメリカとの接続性を確保するには重要となる。だが、アメリカ・イラン関係の改善機運はトランプ政権の誕生で後退し、アフガニスタン情勢も安定化の道筋が見えない状態が続いており、リムランドが中央アジアとアメリカを繋ぐ通商路、つまり接続性を供給する可能性は低い。その一方で、新ランド・パワーである中国は影響力を拡大しつつあり、中国を起点とした新たな通商路の出現は止めようもない流れてとなっているといえる。

　他方、玉井（雅）は第3章「北極海航路と資源通過」にて別な形での通商路、つまり接続性の変化について明らかにしている。玉井（雅）は、地球温暖化により新たに資源供給地、そして通商路として出現した北極海航路（NSR）について、通商路の阻害要因となるマイノリティとの関係から、その接続性が将来的に強化される可能性を示している。周知の通り、NSRは地球温暖化の結果出現した新たな通商路である。その地球温暖化は地政学の出現と発展を促してきた化石エネルギーの消費がもたらした負の側面であるが、資源確保という観点からは新たな接続性を出現させた正の影響も持っている。しかも、NSRはマイノリティの利益と衝突する部分も今の所は少ない。この新たな接続性の出現は、欧州とアジアの接続性を強化するとともに、ロシアにかわりランド・パワーの座につき始めた中国も進出するなど、ランド・パワーとシー・パワー間の新たなチェス盤となっておりその動向に注意を払い続けることが必要である。

以上の論文に対して、玉井（良）による第4章「国家
戦略と水資源」と浦部による第8章「ラテンアメリカ
における資源通過と紛争」は全く異なる視点を提示し
ている。玉井（良）は、化石エネルギーではなく水資源に焦点を当てた上で、
水資源でさえ安全保障の観点から重視されるという20世紀初頭までの傾向を示
している。この玉井（良）の指摘は、エネルギー資源が本来は化石ネルギーに
限定されるものではなく多様であることを示している。19世紀末から20世紀初
頭にかけて水力発電所が主要な電源の1つであったことが示す通り、産業革命
以降の発展は化石エネルギーの利用だけではなく、電力の普及もエネルギー消
費を増加させた一因といえる。今日の日本のエネルギー政策でも「エネルギー
ミックス」として、電力を作るための資源の種類である、電源構成に焦点を当
てて語られることからも理解できよう。

　そして、水資源の管理が軍事的観点で捉えられていたという玉井（良）の指
摘は、国家の生存にいかに資源が不可欠であるかとのの事実を改めて浮き彫り
にする。今日の水資源管理では「統合的水資源管理（IWRM）」に根ざして、国
家だけではなく流域単位での全利害関係者が関与する形での持続的な開発が重
視されているが、これも水資源が我々の生命維持に欠かせないからである。そ
の点で、第4章からは生命維持に欠かせないものが資源であるという定義が見
てとれる。

　他方、浦部は、ラテンアメリカ諸国に焦点を当てることで、ユーラシア大陸
を主たるチェス盤として構築されてきた古典的地政学に対し別な視点を与えて
いる。その上で、浦部はラテンアメリカでは、民族ではなく階級が社会的亀裂
として機能し、さらには国家と市場の対立構図が資源地政学に大きな影響を及
ぼしていることを指摘する。さらに、再生可能エネルギー利用に不可欠なリチ
ウム・イオンバッテリーの主要素材であるリチウムを例に資源が誰のものであ
るかの指摘を示す。再生可能エネルギーの利用には、電力は保存できないとい
う欠点を補うためにストレージ（エネルギー貯蔵庫）たるバッテリーが重要な要
因となっている。浦部の指摘は、資源地政学やエネルギー安全保障を考える上
で不可欠となる「資源とは何か」という問題にも深く結びついているといえる。
周知の通り、「デカップリング論」に見るように、二酸化炭素（CO_2）排出量

と経済成長の相関関係が今日では崩れ始めている。さらには、原子力発電はチェルノブイリや福島第一発電所の事故への反省から、放射能汚染という負の側面への対応がさらに注目されるようになってきていることは否定できない。このことは、原子力発電は、単に地球温暖化対策としてのGHG排出量抑制だけではなく、放射能廃棄物を遺棄できるという地理的条件、つまりは消費後まで視野に入れる必要がある。その点で、原子力をめぐる地政学は化石エネルギーを軸に作られてきた地政学のあり方とは大きく異なる条件が与えられるといえる。

　以上の議論を踏まえて、資源地政学（とエネルギー安全保障）の根幹をなす「資源とは何か」という疑問に答える一種の資源論について次節で考え本書のまとめとしたい。

第3節　資源とは何か：資源地政学の今後

オイルピーク論の変化　マッキンダーが「地理学から見た歴史の回転軸」(1904年)を示したのとほぼ同時代の1911年に、内村鑑三はデンマークについての講演の中で、国の興亡は戦争の勝敗ではなく、国の大小も関係なく、国家の富は有利化されたるエネルギー（力）にあるとした。しかも内村は、そのエネルギーを太陽光、波力、風力、火山（地熱）といった今日でいうところと再生可能エネルギーに着目していた（内村 1946）[1]。

　ナイは、国際政治上のパワーを他国の行動を自国にとり適切なものに変化させるものであり資源として定義している（Nye 2011：9-10）。この場合の資源は、エネルギーや材料といった天然資源だけではなく、規範や価値など文化的な側面も含まれる。周知の通り国際政治学では、自国以外の政策を自国に優位になるように変化させる力の源泉が資源と捉えられる。いうまでもなく、化石燃料の賦存量はこの力の源泉であり、産油国が石油の生産量をコントロールすることで1970年代以降は一定の優位性を持っていた。それ故にその埋蔵量（生産量）の限界が懸念される「オイル・ピーク」論が一定の影響力を持った。ただし、1970年代はそのオイル・ピーク論による将来的な資源の枯渇への懸念、そして深刻化する公害問題などの懸念から『成長の限界』(1972年)が出版され、

省エネルギー技術や代替エネルギーへの転換が叫ばれるようになってきた時期でもある。

　そして、省エネルギー技術や代替エネルギーである再生可能エネルギーの発展と地球温暖化への対策という観点から、化石エネルギーへの需要が低下することが明らかになってくると、従来の供給側に着目したオイル・ピーク論ではなく、需要側に着目したのオイル・ピーク論が指摘されるようになったのが今日である。つまり、省エネルギー技術の進展と再生可能エネルギーの増加により、石油消費が減少することとなった。これは、ハイブリッド自動車など低燃費車の普及により、ガソリンの消費が減少した結果、ガソリンスタンドが減少している日本の状況からも容易に理解できよう。

　つまり、古典的エネルギー安全保障論が議論され始めた1970年代は供給側が力を持っておりその議論は主に需要側から見たものであった。だが、新エネルギー安全保障論は、需要国が再び石油価格に影響力を取りもどすとともに供給国からの視点も含むより俯瞰したものに変化したといえる[2]。

┌─────────────┐
│ 資源とは何か： │
│ 我々は地政学を │
│ 捨てられるのか │
└─────────────┘

　　　　　　　　だが、需要国が一定の影響力を持つのは、需要側が海洋国で代替エネルギーが確保可能故に交渉力があるからともいえる。例えば、ロシアがウクライナ向けの天然ガス供給を停止したウクライナ危機に加えて旧ソ連圏では、ロシアによるカザフスタン向けの電力供給停止やウズベキスタンからタジキスタンとキルギスに対する天然ガス供給停止など、消費側は代替供給地がない場合は交渉力もなく、なおかつそのエネルギーが市民生活に密接に関係する場合は供給国がレバレッジとして資源を利用する場合がある（稲垣 2013；2016）。ここには、シー・パワーたるアメリカにより保証されてきた自由貿易に基づく海洋取引と接続性の問題から連携してこなかった内陸国独自の資源取引の課題、まさに宮脇が指摘する内陸国の罠がある。

　つまり、ランド・パワーにおいては絶対的な消費地と供給地がの関係が多様性がある海洋取引と異なり限定的ある。その結果、市場規模が小さい国は、他の国の資源獲得競争で不利な状況に立たされる。なぜならば、供給国としては、より多くの量を安定的に購入してくれる市場を優先するからである。つまり資源供給を文字通り国家間の力関係の「資源」として使われてしまう状況が

生まれる。それ故に、内村鑑三が明治期にすでに指摘していた通り、自給が可能な再生可能エネルギーの活用はその国家の富を増大させる可能性を秘めている。いわゆるローカル・エネルギーはエネルギー資源の地産地消という観点で、供給地と消費地が一致した状態となる。この場合は、原料たる風、波、太陽光、地熱はもちろんながら、それらを加工し、富を得る形に変える「技術」も資源といえるだろう。また、その技術を開発・発展するための人材も「資源」といえる。もちろん、再生可能エネルギーを利用するにはバッテリーの材料や太陽光パネルの材料などエネルギーとは異なる原料（資源）が必要となるため、完全な地産地消とはいえない。そこには、地政学の対象が石油など化石エネルギーから再生可能エネルギー利用に必要な原料に変わるだけである。

　さて、佐藤は資源を原料（モノ）として見なし、その確保を目的とするのではなく、社会生活の長期向上のためにその利用の在り方を議論する場が「資源論」であるとした（佐藤 2011）。それは快適な社会環境を作るためのものであり、社会が何に資源を求めるか、何に資源を見出すかが変化する（佐藤 2011：225）。この資源についての定義は、国際政治上の他国の行動を自国にとり適切なものに変化させるパワーを資源として定義するナイの考え方と似ている。つまり、快適な生活環境を作るための原料であり手段（＝技術）が資源といえる。地政学が花開いた100年前の石炭から石油へのエネルギーシフトは、より多くの熱量を求めてのものであったが、今日のエネルギーシフトはより少ない温室効果ガス排出が快適な社会のための条件とされることからもその求められる快適さ、原料、資源が異なることがわかる。

　そして、求められる資源（＝原料）が変化すると、その原料が偏在するものであれば、資源確保において重要な土地や地域が移り変わる。繰り返しになるが、消費地と生産地が一致する地産地消型と異なり、石油同様に生産地と消費地が遠く離れれば、そこにはやはり消費地と生産地をつなぐ通商路の課題が出現するのである。

　佐藤が指摘する通り、持たざる国ゆえの「資源確保に重点を置いた」資源論からの脱却は長期的視野において必要であろう。例えば資源（原料）をグローバルなレベルで公平、持続可能な形で分配するメカニズムが成立すれば、それは貴重な資源として見なされる。だが、資源（原料）を加工により富を生む原

料と見る認識があったからこそ（資源）地政学が誕生し、発展してきたのも事実であろう。また、水資源に見るように、単なる富ではなく我々人類が生きてく上で不可欠なものも資源には含まれる。水の総量は地球上では不変であるが偏在するが故に、その確保は重要な課題となる。その点で、グローバルレベルで資源の持続可能な再分配のメカニズムの誕生を希求しつつも、偏在性があり富を生む国家資産としての資源（原料）や命に不可欠な資源の確保をめぐる地政学の視点の有効性は今しばらく続くといえ、求められる資源によりそのチェス盤の形は変化を続け、その都度新たな接続性の課題が出現すると考えられる。

【注】

1）内村鑑三が明治の段階で、再生可能エネルギーに着目し、それを富の源泉たる資源として捉えていたことは、香川敏幸・慶應義塾大学名誉教授による報告（「ひと・自然と共生社会における分散型エネルギーシステムの構築―デンマークの政治社会から学ぶ」政治社会学会第20回研究会（2018年1月20日、専修大学）での指摘による。

2）ただし、供給国が1970年代から絶えず需要国に対し優位にあったわけではない。例えば、供給地と消費地が直接的に結び付けられるパイプラインでは、供給国は消費国に一定量を継続的に購入してもらう必要があり価格交渉で劣勢に立たされる「ホールドアップ」問題がある。ソ連（ロシア）とヨーロッパの天然ガス供給も、このホールドアップ問題からヨーロッパが一定の交渉力を持ってきた。

【推奨文献】

①ダニエル・ヤーギン（2015）『探求―エネルギーの世紀（普及版）』（上・下巻）伏見威蕃訳、日本経済新聞社

②バーツラフ・シュミル（2019）『エネルギーの人類史』（上・下巻）塩原通緒訳、青土社

③リチャード・ローズ（2019）『エネルギー400年史―薪から石炭、石油、原子力、再生可能エネルギーまで』秋山勝訳、草思社

【引用・参考文献一覧】

・稲垣文昭（2013）「資源小国のエネルギー政策―キルギスとタジキスタンから見た中央アジア」伊東孝之監修、広瀬佳一・湯浅学編著『平和構築へのアプローチ―ユーラシア紛争研究の最前線』吉田書店、221-237頁

・稲垣文昭（2016）「移行期にある中央アジアのエネルギー安全保障―タジキスタンとウズベキスタンの対立と中国の台頭」金沢工業大学国際学研究所編『安全保障と国際関係』内外出版、123-143頁

・内村鑑三（1946）『後世への最大の遺物—デンマルク国の話』岩波書店
・佐藤仁（2011）『「持たざる国」の資源論—持続可能な国土をめぐるもう一つの知』東京大学出版会
・Bernel, David and Christopher A. Simon eds. (2016), *The Energy Security Dilemma: US Policy and Practice*, Routledge.
・Cherp, Aleh and Jessica Jewell (2014), "The concept of energy security: Beyond the four As," *Energy Policy*, 75, pp. 415-421.
・Finger, Thomas (2016), *The New Great Game: China and South and Central Asia in the era of Reform*, Stanford University Press.
・Flint, Colin and Cuping Zhu (2019), "The geopolitics of connectivity, cooperation, and hegemonic competition: The Belt and Road Initiative," *Geoforum*, 99, pp.95-101.
・Ladislaw, Sarah O, Maren Leed and Molly A. Walton (2014), *New Energy, New Geopolitics: Balancing Stability and Leverage*, Center for Strategic and International Studies.
・Nye, Joseph S. (2011), *The Future of Power*, Public Affairs.
・Pascual, Carlos and Jonathan Elkind eds. (2010), *Energy Security: Economics, Politics, Strategies, and Implication*, Brooking Institution Press.
・Yergin, Daniel (1988), "Energy Security in the 1990s," *Foreign Affairs*, 67 (1)pp.110-132.

あとがき

　2019年9月のアメリカの石油と石油製品の輸出量が輸入量を上回り、アメリカは70年ぶりに純輸出国になった。いうまでもなく「シェール革命」の結果である。本書で繰り返し論じてきた通り、アメリカはシー・パワーであり、最大のエネルギー消費国の1つでもある。そのアメリカが純輸出国となるということは、以前より指摘されてきた通り、アメリカのエネルギー安全保障上、中東の重要度が確実に低下するということである。これは、いうまでもなくアメリカのエネルギー安全保障政策だけではなく、地政学そのものにも変化をもたらす。以前より予測されていたことが現実となったといえよう。中東とアメリカは資源国同士の競争関係に変わるのである。折しも、ソレイマニ・イラン革命防衛隊コッズ部隊司令官の殺害をめぐって、アメリカとイランの対立が激しさを増している。この文章を執筆している2020年1月17日現在において戦争は回避されたが、石油の供給地である中東の不安定さが増していることに変化はない。石油輸出国に返り咲いたアメリカという資源地政学的な変化がその一因といって問題はないであろう。

　さて、本書は「はしがき」で示した通り、厳しい競争の中で国家や都市が生き残るには、その地理的位置から発する運命（制約）を可能な限り知り尽くすことが必要であるという問いから発している。アメリカが石油純輸出国に返り咲いたのは、技術革新と油価の上昇によって、シェール・オイルの商業生産が可能となったことは大きいが、やはりそこには採掘可能なシェール層が存在するという地理的条件、そして国内にパイプライン網が構築されているという歴史的背景から初期コストの安さが反映している。これらも地理的位置が発するある種の運命といえる。

　では、日本の地理的位置から発する運命はどうなのか。周知の通り日本は資源輸入国である。それはエネルギー資源だけには限らない。戦後の経済発展は、原料を輸入し加工して輸出する「三角貿易」によって支えられてきた通り、日本は資源（原料）を「持たざる国」なのである。その運命の中で、日本が発

展するためには地政学的な思考は不可欠といえよう。どの地域が日本にとって大切で、そのために不可欠な知識は何か、どのような人材が必要か。資源を持たざる国日本に取り、生産地から我が国まで持ってくる上で不可欠なそれら全てがまさに「資源」といえよう。わずかでも良いので本書がその「資源」の1つになれれば編者として幸いである。

　なお、本来であれば本書は、日本が資源確保において生き残るための戦略を示すべきであったかもしれない。また、その戦略を期待して本書を手に取られた読者もおられるかと思う。それらの期待にしっかりと応えられていないのはひとえに編者らの力不足であり反省すべき点である。但し、本書は「限りある地球の資源の争奪の対象から共同開発の衡平な分配と利用の対象」に切り替える足掛かりすることが目的であり、その目的は執筆者の協力のおかげである程度は達成できたかと思う。その上で、日本のとるべき戦略や政策については、編者たちへの次なる課題としたい。

　最後に本書の刊行は非常に限られた時間の中での作業の連続であり、編者のマネジメント力不足から執筆者の先生方に無理難題を強いることが度々あった。にもかかわらず、常に快く対応してくれた皆さんに改めてお礼を申し上げたい。また、当企画を実現する上で親身なって支えてくださった法律文化社の小西英央様にも心から感謝を申し上げたい。

編　　者

執筆者一覧

(執筆順、※は編者)

※宮脇　昇　　立命館大学政策科学部教授　　　　　　　　　　　　序章、第1章

山本　武彦　　早稲田大学名誉教授　　　　　　　　　　　　　　第2章

玉井　雅隆　　東北公益文科大学国際教養コース准教授　　　　　第3章

※玉井　良尚　　岡山理科大学講師・京都先端科学大学講師　　　　第4章

平川　幸子　　早稲田大学留学センター准教授　　　　　　　　　第5章

上久保誠人　　立命館大学政策科学部教授　　　　　　　　　　　第6章

※稲垣　文昭　　秋田大学大学院国際資源学研究科講師　　　　　　第7章、終章

浦部　浩之　　獨協大学国際教養学部教授　　　　　　　　　　　第8章

Horitsu Bunka Sha

資源地政学
——グローバル・エネルギー競争と戦略的なパートナーシップ

2020年3月15日　初版第1刷発行

編　者　　<ruby>稲<rt>いな</rt></ruby><ruby>垣<rt>がき</rt></ruby><ruby>文<rt>ふみ</rt></ruby><ruby>昭<rt>あき</rt></ruby>・<ruby>玉<rt>たま</rt></ruby><ruby>井<rt>い</rt></ruby><ruby>良<rt>よし</rt></ruby><ruby>尚<rt>なお</rt></ruby>
　　　　　<ruby>宮<rt>みや</rt></ruby><ruby>脇<rt>わき</rt></ruby>　<ruby>昇<rt>のぼる</rt></ruby>

発行者　　田　靡　純　子

発行所　　株式会社　法律文化社

　　　　　〒603-8053
　　　　　京都市北区上賀茂岩ヶ垣内町71
　　　　　電話 075(791)7131　FAX 075(721)8400
　　　　　https://www.hou-bun.com/

印刷：西濃印刷㈱／製本：㈱藤沢製本
装幀：奥野　章

ISBN 978-4-589-04059-6

© 2020　F. Inagaki, Y. Tamai, N. Miyawaki
Printed in Japan

羽場久美子編

21世紀、大転換期の国際社会
―いま何が起こっているのか？―

A 5 判・184頁・2400円

英国のEU離脱、米国のトランプ政権誕生から、移民・難民、ポピュリズム、中国・北朝鮮関係、AIIB、日本経済、武器輸出、ロシア正教、中東危機、アフリカにおけるテロまで、いま最も知りたい論点を第一線の研究者たちがわかりやすく説明。

川名晋史・佐藤史郎編

安 全 保 障 の 位 相 角

A 5 判・222頁・4200円

日本の外交・安全保障をめぐる議論が左右に分極化して交わらず、硬直が続いている。二項対立の図式が鮮明な8つの争点を取り上げ、《位相角》という新たな分析概念を用いることで、現実主義／理想主義といった思考枠組みを脱却した政策的選択肢を導き出す。

坪郷 實著

環境ガバナンスの政治学
―脱原発とエネルギー転換―

A 5 判・182頁・3200円

統合的環境政策を中核とする「環境ガバナンス」に関する主要な議論を政治学的観点から整理し考察。持続可能な社会の構築に向け、統合的環境政策の理論・戦略・実践、それらの課題を包括的に検討する。

高柳彰夫・大橋正明編

S D G s を 学 ぶ
―国際開発・国際協力入門―

A 5 判・286頁・3200円

SDGsとは何か、どのような意義をもつのか。目標設定から実現課題まで解説。第Ⅰ部はSDGs各ゴールの背景と内容を、第Ⅱ部はSDGsの実現に向けた政策の現状と課題を分析。大学、自治体、市民社会、企業とSDGsのかかわり方を具体的に提起。

佐渡友 哲著

S D G s 時代の平和学

A 5 判・136頁・3000円

持続可能な社会のゴールを示すSDGsについて平和学の視点から考察する。SDGsの生成と平和学の展開との交錯を学術的に整理し、SDGsの理念・価値を再考する。平和学が目標達成へ向けてどのような役割を果たせるかを明示する。

―法律文化社―

表示価格は本体（税別）価格です